LA COOPERATION AU DEVELOPPEMENT EN FRANCE

1997-2004

Réforme et modernisation de l'Etat

Questions Contemporaines

Collection dirigée par J.P. Chagnollaud, B. Péquignot et D. Rolland

Chômage, exclusion, globalisation... Jamais les « questions contemporaines » n'ont été aussi nombreuses et aussi complexes à appréhender. Le pari de la collection « Questions contemporaines » est d'offrir un espace de réflexion et de débat à tous ceux, chercheurs, militants ou praticiens, qui osent penser autrement, exprimer des idées neuves et ouvrir de nouvelles pistes à la réflexion collective.

Dernières parutions

Sylvie TROSA, *Pour un management post bureaucratique*, 2006
Jean LAURAIN, *Du partage*, 2006.
Francis JAUREGUIBERRY, *Question nationale et mouvements sociaux en Pays Basque sud*, 2006.
Gérard NAMER, *Réinventer en France les principes d'une nouvelle démocratie « solidariste »*, 2006.
Roger VICOT, *Pour une sécurité de gauche*, 2006.
Joachim de DREUX-BREZE, *Femme, ta féminité fout le camp ! Sur une lecture masculine du* Deuxième Sexe, 2006.
Lazare BEULLAC (sous la direction de), *Armes légères : Syndrome d'un monde en crise*, 2006.
Jean-Loup CHAPPELET, *Les politiques publiques d'accueil d'événements sportifs*, 2006.
Bernard SALENGRO, *Le management par la manipulation mentale*, 2006.
Yves MONTENAY, *Retraites, familles et immigration en France et en Europe*, 2006.
Jacques MYARD, *La France dans la guerre de l'information*, 2006.
Daniel IAGOLNITZER, Lydie KOCH-MIRAMOND, Vincent RIVASSEAU (dir.), *La science et la guerre, la responsabilité des scientifiques*, 2006.
Mohammed REBZANI, *L'aide aux victimes de la discrimination ethnique*, 2006
Jean-Jacques LAFAYE, *La Marche de l'homme*, 2006.
Jean-Jacques LAFAYE, *L'Offrande perpétuelle*, 2006.
Emile JALLEY, *Wallon et Piaget*, 2006.

David Sadoulet

LA COOPERATION AU DEVELOPPEMENT EN FRANCE

1997-2004

Réforme et modernisation de l'Etat

L'Harmattan

5-7, rue de l'École-Polytechnique ; 75005 Paris

L'HARMATTAN, ITALIA s.r.l.
Via Degli Artisti 15 ; 10124 Torino
L'HARMATTAN HONGRIE
Könyvesbolt ; Kossuth L. u. 14-16 ; 1053 Budapest
L'HARMATTAN BURKINA FASO
1200 logements villa 96 ; 12B2260 ; Ouagadougou 12
ESPACE L'HARMATTAN KINSHASA
Faculté des Sciences Sociales, Politiques et Administratives
BP243, KIN XI ; Université de Kinshasa – RDC
http://www.librairieharmattan.com
diffusion.harmattan@wanadoo.fr
harmattan1@wanadoo.fr

ISBN : 978-2-296-02288-1
EAN : 9782296022881

AVANT-PROPOS

Pour beaucoup, l'aide au développement constitue une vocation, l'opportunité d'un engagement au quotidien dans leur activité professionnelle. Pourtant, derrière la vision généreuse de l'aide, il est difficile d'ignorer les autres facettes de cette politique : recherche d'une influence diplomatique, appui à des régimes peu démocratiques, promotion des entreprises françaises, etc. Comment ces tensions se traduisent-elles dans le « pilotage » de la politique de coopération ? Nous avons voulu nous intéresser à cette question en analysant la réforme de cette politique de coopération, qui a eu lieu en 1998.

Cet épisode, vieux de presque une décennie, permet pourtant de tirer des enseignements utiles sur des questions toujours actuelles : la réforme de l'Etat « au concret », les différentes logiques institutionnelles du dispositif français de coopération et les tensions qu'elles créent. Ce travail nous semble éclairant au moment où beaucoup des acteurs de ce secteur pronostiquent déjà une inéluctable troisième phase de la réforme.

Cette étude a été réalisée, au cours d'un congé de formation durant l'année universitaire 2004-2005, dans le cadre du Master de recherche de l'Institut d'études politiques de Paris. Tous nos remerciements vont à l'équipe de la spécialité « politiques publiques », animée par Pierre Lascoume et Patrick Le Galès, et en particulier à Pierre Muller, pour son appui au fil de la progression de notre réflexion.

Appartenant au monde professionnel qui est analysé ici, notre ambition n'a pas été uniquement académique. Il s'agissait davantage d'éclairer le champ étudié en utilisant les outils que nous a fournis la sociologie politique. Nous remercions chaleureusement les acteurs de la réforme de la coopération qui ont bien voulu nous accorder un peu de leur temps pour évoquer cet épisode. Ce travail est antérieur à notre récente prise de fonction au ministère des Affaires étrangères sur les questions de stratégie de l'aide. Nous restons seul responsable des analyses présentées, ainsi que des erreurs ou imperfections de ce travail.

INTRODUCTION

Une réforme radicale ?

« Nous avons conduit à son terme politique une réforme radicale »[1]. Cette citation est révélatrice de la satisfaction des décideurs ayant coordonné la réforme de la coopération, annoncée par Lionel Jospin en février 1998. Le dispositif français de coopération au développement était jusque-là marqué par la coexistence de plusieurs acteurs ministériels intervenant de façon parallèle. La « rationalisation » du dispositif s'est traduite par la disparition d'un acteur administratif, les services du ministère de la Coopération, qui ont été fusionnés avec leurs homologues du ministère des Affaires étrangères (MAE). Pour ses promoteurs, cette réforme est la preuve qu'un changement radical peut être impulsé par les décideurs politiques et déboucher sur un changement effectif dans la structure et le fonctionnement de l'appareil d'Etat.

Pourtant, la réforme de l'Etat ne va pas de soi. Depuis de nombreuses années, il ne se trouve pas un chef de gouvernement en France qui n'ait exprimé cet objectif dans sa déclaration de politique générale. Mais ces démonstrations volontaristes tranchent avec une réalité perçue généralement comme relevant plus de l'immobilisme que du changement. On peut citer de nombreux exemples de ministres, des deux côtés de l'échiquier politique, sommés de rendre leur portefeuille pour avoir voulu s'attaquer à leur administration et mettre en pratique la « réforme de l'Etat ». La question posée par Herbert Kaufman en 1976[2], reste plus que jamais d'actualité : les administrations seraient elles immortelles ?

Cette question se pose également pour la réforme de la coopération. Au-delà de la spectaculaire disparition de l'administration d'un ministère, âgée d'à peine 35 ans, son impact sur la politique de

[1] Entretien.

[2] *Are government organizations immortal ?*, 1976.

coopération semble plus difficile à établir. Ainsi, si l'organigramme et le budget de la coopération ont disparu, la réforme a conservé un ministre délégué à la coopération. De plus, les personnels et l'activité de ce ministère, transférés au sein du MAE, ont assez largement continué à fonctionner sur leur lancée. En outre, cette réforme n'a pas concerné l'acteur gérant à l'époque l'essentiel des crédits de coopération au développement : le ministère des Finances. La vision héroïque d'une réforme impulsée par le niveau politique cache donc une réalité plus modeste : négociations entre les différentes organisations impliquées, renoncement aux projets défendus par certains de ses artisans dans les arènes partisanes, etc. Elle rend compte d'un système de relations complexes entre responsables publics et haute administration dans la négociation des décisions publiques[3] qu'il convient de décrypter.

Saisir le changement dans l'action publique

La « réforme de l'Etat » n'a qu'assez tardivement été véritablement identifiée comme un thème de l'action des gouvernants et un enjeu de la compétition électorale. Longtemps, la gestion de l'administration est restée du ressort de ses « serviteurs »[4]. Philippe Bezes montre comment, au début des années soixante, la réforme de l'Etat devient un sujet à part entière autour d'une préoccupation nouvelle de l'Etat vis-à-vis de lui-même : le « souci de soi de l'Etat »[5]. Au milieu des années quatre-vingt-dix, cette thématique est déjà depuis plus de vingt ans un thème important du débat public. Elle est relancée par le rapport au premier ministre de Jean Picq[6] qui suggère une redéfinition en profondeur du périmètre de l'Etat et la mise en œuvre de méthodes managériales pour améliorer l'efficacité de l'Etat. Mais cette exacerbation d'une idéologie réformatrice, largement partagée par les élites politiques et

[3] Sur cette question voir par exemple Christopher Hood, *Public service bargains and public service reform*, 2001.

[4] Jean-Benoît Albertini, *Réforme administrative et réforme de l'Etat en France : thèmes et variations de l'esprit de réforme en France de 1815 à nos jours*, 2000.

[5] *Aux origines des politiques de réforme administrative sous la Ve République : la construction du « souci de soi de l'Etat »*, 2002.

[6] *L'Etat en France : servir une nation ouverte sur le monde*, 1995.

administratives[7], tranche avec la difficulté des analystes à mesurer et à penser les évolutions réelles[8].

Ainsi, si la réforme, définie comme un programme volontaire établi par une autorité publique, est facile à saisir, le changement dans l'action publique est moins aisément identifiable. En effet, les phénomènes sociaux qui nourrissent les politiques publiques sont à la fois multiples, emboîtés et en perpétuel mouvement. Pour Charles E. Lindblom, les décideurs sont d'ailleurs contraints à trouver tant bien que mal des solutions, rarement optimales, compte tenu de la complexité des contraintes qui s'imposent à eux[9]. Le résultat est une évolution incrémentale, par petits pas, des politiques publiques. Mais, dans ce contexte comment identifier des césures, tracer des lignes de partage, repérer des phases successives ?

L'approche cognitive des politiques publiques propose d'identifier leurs bases idéologiques et normatives, en montrant qu'il s'agit de structures relativement stables. Pierre Muller[10] définit ainsi pour chaque politique publique un référentiel, rassemblant les images que se font les acteurs de la réalité, sur lesquelles vient agir la politique publique. Ce changement s'effectue dans le sens d'une traduction des évolutions du référentiel global, constitué des valeurs fondamentales de la société, vers le référentiel sectoriel de la politique considérée. Le changement de référentiel sectoriel peut être préparé dans des forums[11] ou s'opérer par l'action de médiateurs[12]. Mais les approches cognitives de ce type, qui se penchent sur le cœur des valeurs et des images partagées par les acteurs, ne peuvent rendre compte que de changements majeurs qui

---

[7] Philippe Bezes, *La « mission Picq » ou la tentation de l'architecte : les hauts fonctionnaires dans la réforme de l'Etat*, 2002.

[8] Voir par exemple Institut international d'administration publique, *La modernisation administrative en France : bilan et perspectives*, 1995.

[9] *The science of muddling through*, 1959.

[10] *Esquisse d'une théorie du changement dans l'action publique : Structures, acteurs et cadres cognitifs*, 2005.

[11] Bruno Jobert, *Le tournant néolibéral en Europe*, 1994 ; Eve Fouilleux, *Propositions pour une approche dynamique des processus d'inertie et de changement dans les politiques publiques*, 2002.

[12] Pierre Muller, *Les politiques publiques*, 2003, p. 69 *sqq.* ; Muller, 2005, *op. cit.*

touchent à la substance des politiques. Elles ne permettent pas de mesurer les évolutions de la structure institutionnelle et des instruments des politiques.

Dans l'approche institutionnelle des politiques publiques, le changement est analysé à partir des évolutions des règles du jeu dans le système social considéré. Ces règles jouent en effet un rôle essentiel dans l'allocation des ressources et la structuration des incitations, options et contraintes auxquelles sont confrontés les acteurs politiques[13]. Elles permettent donc de rendre compte du fonctionnement du système social considéré. Ces travaux confirment souvent l'hypothèse incrémentale de Lindblom : les règles du jeu évoluent souvent peu ou alors par ajustements successifs, face aux changements de l'environnement[14]. L'inertie des institutions et la difficulté de changer de trajectoire ou de remettre en cause les choix passés sont souvent soulignés[15]. Toutefois, les travaux sur les institutions et, de façon générale, sur les règles du jeu ne sont pas concluants pour ce qui concerne les modalités et les facteurs du changement[16]. En effet, certains modèles identifient des processus discrets de formation rapide de nouvelles règles ; d'autres, comme la théorie des organisations, insistent sur le caractère continu des processus.

La réforme de la coopération nous donne l'opportunité de travailler sur la question des dynamiques de changement de l'action publique. La question au centre de notre recherche est la suivante : comment un tel changement de l'organisation institutionnelle de la politique de coopération a-t-il pu se produire et quel en a été l'impact ? Il s'agit donc pour nous de comprendre pourquoi, dans un contexte de forte densité

---

[13] Paul Pierson et Theda Skospol, *Historical institutionalism in contemporary political science*, 2002.

[14] Voir notamment Kathleen Thelen et Sven Steinmo, *Historical institutionalism in comparative politics*, 1992, et Kathleen Thelen, *Comment les institutions évoluent : perspectives de l'analyse comparative historique*, 2003.

[15] Paul Pierson, *Not just what but when : timing and sequence in political process*, 2000.

[16] B. Guy Peters et Jon Pierre, *Institutions and Time : problems of conceptualization and explanation*, 1998.

institutionnelle, une réforme a quand même été possible, mais également comment l'initiative à la base de la réforme a progressivement produit ses effets. Nous faisons l'hypothèse que la compréhension du changement peut être compatible avec l'observation, à chaque étape, d'une inertie liée aux règles du jeu en place. Nous montrerons que la réforme de 1998 a constitué une « rupture de pente » majeure dans l'évolution au quotidien de cette politique sectorielle.

Projet de recherche

Ainsi, nous nous intéressons, dans cet ouvrage, à la politique de coopération au développement. Nous la définissons comme l'ensemble des actions de l'Etat contribuant à l'aide publique au développement (APD), telle que définie par le Comité à l'aide au développement de l'OCDE (CAD)[17], en excluant les actions sans coût budgétaire direct ou n'impliquant pas des programmes politico-administratifs[18] spécifiques[19]. Nous choisissons donc de définir la politique publique à laquelle nous nous intéressons ici par ses instruments : les prêts, les dons et

[17] Le Comité à l'aide au développement de l'OCDE est un organe de concertation sur l'aide publique au développement. Il définit l'aide publique au développement comme les « subventions et les prêts aux pays et territoires figurant sur la partie I de la liste du CAD des bénéficiaires d'aide (pays en développement) qui : (a) sont sous la responsabilité du secteur public ; (b) ont pour objectif principal la promotion du développement économique et du bien-être des populations ; (c) sont accordés dans des conditions financières concessionnelles (pour les prêts, une part de subvention d'au moins 25 %). La coopération technique est incluse dans l'aide en complément des flux financiers. Les prêts de toutes natures et les dons ayant un but militaire sont exclus [...] ». (www.oecd.org/DAC).

[18] Définies par Peter Knoepfel, Corinne Larrue et Frédéric Varone, dans une perspective étapiste de l'analyse des politiques publiques, comme l'ensemble des actes, de nature législative ou réglementaire, nécessaires à la mise en œuvre d'une politique publique (*Analyse et pilotage des politiques publiques*, 2001, p. 130-1).

[19] Cette distinction conduit à écarter de notre travail les opérations liées à la dette et les dépenses contribuant à l'APD relevant d'autres secteurs de l'action publique comme l'accueil des étudiants étrangers ou des réfugiés. Cette définition exclut également la coopération militaire, qui relevait du ministère de la Coopération et fut également réformée en 1998. Toutefois cette réforme de la coopération militaire a suivi une logique spécifique, sans lien direct avec celle qui a concerné la coopération au développement.

l'assistance technique apportés aux pays reconnus par le CAD comme « en développement ». Ce secteur d'action publique existe dans la plupart des pays développés et à l'échelle internationale. Il correspond à une communauté professionnelle spécifique[20] disposant de forums d'échanges (dont le CAD fait partie), d'instruments pour la mise en œuvre des actions dans les pays bénéficiaires, de ses propres modes, etc. Au niveau français, nous verrons que ce secteur relève de plusieurs administrations, qui se sont saisies de cet instrument selon des logiques différentes, voire contradictoires.

La compréhension de ce secteur nous amènera à traiter des relations avec l'Afrique plus largement que sur le seul plan de la coopération au développement. En effet la politique étrangère vis-à-vis de ce continent, qui concentre historiquement l'essentiel de l'aide au développement de la France, a eu une importance majeure dans l'initiation de la réforme qui nous intéresse[21].

Notre recherche s'est concentrée sur la réforme de la coopération lancée en février 1998 par le gouvernement de Lionel Jospin[22]. Nous prendrons en compte la période allant de 1997 à 2004 pour saisir à la fois la préparation de la réforme, son annonce, sa mise en œuvre mais aussi ses effets[23]. Nous cherchons à replacer cet événement ponctuel dans l'évolution sur le long terme de ce secteur en France pour identifier la portée de la réforme. Nous nous sommes centré sur les mesures concernant l'organisation du dispositif de coopération, et notamment le « rapprochement » entre le ministère de la Coopération et celui des Affaires étrangères. En particulier, nous n'avons pas traité de

[20] Il existe notamment de nombreuses formations pour devenir spécialiste du « développement ».

[21] Dans la suite de ce texte, nous emploierons le terme « coopération » dans un sens général pour désigner l'ensemble des relations entretenues entre la France et certains pays étrangers.

[22] La dissolution de l'Assemblée nationale par le président Jacques Chirac, le 21 avril 1997, avait conduit au renversement de la majorité sortante et à l'arrivée au pouvoir, au début du mois de juin, d'une alliance des partis de gauche (la « gauche plurielle ») composée notamment du Parti socialiste, du Parti communiste et des Verts.

[23] Un calendrier résumé de la période couverte est détaillé en annexe.

la création du Haut conseil à la coopération internationale, qui nous semble une mesure d'une autre nature, visant à modifier les rapports entre l'Etat et la « société civile » dans ce secteur. Les effets de cette initiative ne nous semblent d'ailleurs pas, avec le recul, des plus significatifs.

L'essentiel de ce travail de recherche repose sur la réalisation d'entretiens avec les « acteurs clés » de la réforme et de sa mise en œuvre[24]. Il est également fondé sur les diverses sources dont nous avons pu disposer : articles de presse, documents administratifs officiels ayant fait l'objet d'une publication. En outre, nous avons pu avoir accès à quelques documents ou notes de travail internes à l'administration, sans caractère confidentiel, que certains acteurs ont bien voulu mettre à notre disposition.

Les entretiens réalisés ont eu, premièrement, pour but de compléter notre information sur les interactions entre acteurs qui ont progressivement construit la réforme et sa mise en œuvre (réunions diverses, échanges informels, concertations, etc.). Ils ont également visé à appréhender le sens qu'en donnent ces acteurs, à travers les cadres normatifs et les représentations qu'ils mobilisent[25]. Nous avons donc choisi de cibler nos entretiens vers les acteurs des cabinets ministériels et les cadres des différentes administrations parties prenantes. Pour ce qui concerne les entretiens, notre proximité avec le champ de l'étude nous semble avoir présenté à la fois un risque de manque de recul et

---

[24] Nous ajoutons à ces sources la connaissance personnelle que nous pouvons avoir du champ étudié. Nous avons en effet fait l'essentiel de notre carrière pour le compte du ministère des Affaires étrangères, dans le domaine de la coopération technique.

[25] Il ne nous appartient pas de nous situer dans le débat sur la position hégémonique des entretiens dans l'étude des politiques publiques critiquées par Philippe Bongrand et Pascale Laborier (*L'entretien dans l'analyse des politiques publiques : un impensé méthodologique ?*, 2005). Ces auteurs indiquent en particulier les limites des entretiens pour reconstituer les logiques des acteurs pris individuellement. On s'intéresse ici essentiellement à la construction de logiques collectives au niveau des organisations. Dans ce contexte, le croisement des entretiens nous semble autoriser une bonne administration de la preuve.

l'opportunité d'une meilleure maîtrise des codes et du langage spécifique à ce secteur[26]. Nous avons fait le choix de citer les acteurs interviewés dans le texte, pour illustrer notre argumentation, en préservant toutefois leur anonymat[27].

Feuille de route

Nous exposerons les résultats de notre recherche selon une progression chronologique. Nous chercherons à mettre en relation les différentes étapes de la réforme pour montrer comment le changement se construit progressivement, à chacun de ces stades. Dans la réalité de l'action quotidienne, un tel découpage en phases successives est peu pertinent[28]. Nous l'employons toutefois, conscient de ses limites, pour montrer l'enchaînement de logiques différentes tout au long du processus.

Pour comprendre le changement induit par la réforme sur le dispositif de coopération au développement français, il nous semble nécessaire de développer l'histoire de ce dispositif, autour des trois institutions ministérielles qui le composent. Ce sera l'objet du premier chapitre qui nous conduira à détailler les logiques divergentes au sein des trois principales institutions en charge de la coopération autour de trois référentiels de politique publique distincts ainsi que les spécificités de la coopération avec l'Afrique subsaharienne.

Le second chapitre exposera notre compréhension des prémices de la réforme, et notamment l'ambiguïté du consensus existant lors de sa mise en chantier. Le troisième chapitre traitera de la préparation de la réforme et de la décision du gouvernement sur ses contours et son contenu. Nous y développerons les logiques cognitives, organisationnelles

---

[26] Sur l'enjeu de la distance symbolique entre enquêteur et enquêté : Samy Cohen, *l'interview démystifiée*, 1999.

[27] Nous avons toutefois généralement indiqué la « sphère d'appartenance » des acteurs dans le champ étudié en fonction de leur rattachement aux trois grandes organisations et corps de métiers concernés (« coopération », « diplomatie » et « économie et finances »).

[28] Sur la critique d'un modèle étapiste, voir Peter John, *Analysing public policy*, 1998, chap. 2.

et politiques à l'œuvre. Nous montrerons notamment que le contenu de la réforme s'est placé largement en retrait par rapport aux objectifs politiques initiaux de ses promoteurs.

Dans le quatrième chapitre, nous nous intéresserons à la phase de mise en œuvre de cette réforme. A partir de l'exemple de la création de la nouvelle Direction générale de la coopération internationale et du développement (DGCID) du ministère des Affaires étrangères, nous montrerons comment les « règles du jeu » ont contribué à structurer fortement les changements qui se sont opérés. Nous verrons que la « fusion des cultures » entre les deux administrations rapprochées n'a pas abouti et que le processus a progressivement débouché sur une marginalisation de la coopération au développement au sein de la DGCID. Le dernier chapitre développera, en guise de conclusion, la portée de la réforme et les enseignements que nous pensons pouvoir en tirer par rapport à la problématique de la « réforme de l'Etat » et à la question du contenu et de l'organisation de la politique française de coopération.

Chapitre 1

Aux origines de la coopération au développement

- *I* -

Des politiques publiques nées des décolonisations autour de trois référentiels distincts

La coopération au développement apparaît comme une politique publique relativement jeune. Elle naît dans le contexte des relations internationales de l'immédiate après-guerre et de la guerre froide, sous l'inspiration des théories développementalistes en économie. Il s'agit d'investir dans les pays « sous-développés » pour provoquer un saut qualitatif de développement (*big push*) leur permettant de rattraper une partie de leur retard. L'aide des pays occidentaux est alors en priorité destinée aux pays du bloc de l'Ouest ou aux non-alignés, dans un souci d'endiguement du communiste.

En France, l'aide au développement se met en place dans les années soixante, en continuité avec l'histoire coloniale : les investissements et les appuis techniques de la métropole pour la mise en valeur des colonies se poursuivent alors sous forme d'aide publique au développement, après les décolonisations. Dans ce premier point, nous exposerons d'abord la mise en place de la coopération avec l'Afrique subsaharienne francophone et des institutions spécifiques qui en ont été chargées. Dans un second temps, nous verrons que certaines tâches de coopération technique ont été confiées au ministère des Affaires étrangères, et se sont greffées à la *diplomatie culturelle*, qui existait depuis le début du siècle. Nous développerons ensuite le rôle important dévolu au ministère des Finances dans l'aide publique au développement. En conclusion de ce point, nous tracerons les contours des trois *référentiels de politique publique* distincts portés par ces institutions autour de l'instrument aide publique au développement.

LA NAISSANCE D'UNE COOPERATION AU DEVELOPPEMENT « A LA FRANÇAISE » EN AFRIQUE SUBSAHARIENNE[1]

La marche vers l'indépendance des colonies françaises d'Afrique subsaharienne se fait, au début des années soixante, de façon progressive et pacifique[2]. Le processus débute par la loi cadre Deferre, en 1956, qui prévoit une plus grande autonomie pour chaque territoire dans un cadre fédératif, l'Union française. La Constitution de 1958 remplace l'Union française par une Communauté africaine et malgache, présidée par le président de la République française, sur le modèle du Commonwealth britannique. A l'exception de la Guinée, tous les territoires concernés adhèrent par référendum à la Communauté. En contrepartie du maintien d'un lien privilégié, la métropole s'engage à poursuivre son appui. Toutefois, dès 1960, les différentes colonies demandent toutes leur indépendance, à laquelle elles peuvent prétendre en vertu de la Constitution de 1958.

Pour l'élite francophone qui s'est mise à la tête des anciennes colonies, mal préparées aux indépendances, l'appui de la France apparaît indispensable pour faire fonctionner l'Etat. Celui-ci semble également nécessaire, sur le plan politique et militaire, pour asseoir leur légitimité à l'intérieur de leurs frontières comme vis-à-vis de leurs voisins. Pour le gouvernement français, le maintien de relations privilégiées avec ces nouveaux pays est considéré comme vital. L'influence française dans ces territoires semble alors un gage de

---

[1] Pour cette partie voir notamment : Gérard Bossuat, *French development aid and cooperation under De Gaulle*, 2003 ; Patrick Cadenat, *La France et le Tiers monde : Vingt ans de coopération bilatérale,* 1982 ; Tony Chafer, *French African policy in historical perspective,* 2001 ; Gordon Cumming, *Aid to Africa : French and British policies from the cold war to the new millennium,* 2001, p. 58-70 ; Marie-Christine Kessler, *La politique étrangère de la France : Acteurs et processus,* 1999, p. 301-320 ; André R. Lewin, *Les ministres de la Coopération,* 2002 ; Jean Nemo, *Un tournant majeur dans la politique française de coopération et d'aide publique au développement ? La réforme de 1998, son origine et ses conséquences,* partie II. L'expression « coopération à la française » est de Jean Nemo.

[2] Tony Chafer (2001, *op. cit*) insiste sur l'absence de préparation des indépendances. Les évolutions ont d'abord été motivées par la volonté de moderniser le lien colonial. Le droit à l'indépendance fut toutefois reconnu par la Constitution de 1958.

grandeur à l'échelle internationale. Il s'agit donc de « décoloniser sans décoloniser »[3]. Les années qui suivent l'indépendance sont ainsi marquées par une intensification des liens entre l'Afrique noire et la France[4].

Le concept de *coopération*, notion spécifiquement française, est alors inventé pour caractériser cette nouvelle relation. Ce terme polysémique est, à la fois, plus large et plus ambigu que la notion d'*aide* utilisée à l'échelle internationale[5]. Ce nouveau type de relations, très spécifique aux anciennes colonies d'Afrique subsaharienne, conjuguera donc l'existence d'une souveraineté internationale pour ces pays, et le maintien d'un fort lien de dépendance vis-à-vis de l'ancienne métropole. La *coopération* avec l'Afrique sera conduite, pour l'essentiel, sous couvert de l'aide au développement. Elle s'organise autour *d'accords de coopération*, couvrant un champ très large, souvent assortis d'accords de défense, signés entre juin 1960 et juin 1961[6].

A ce traitement spécifique de la région africaine dans les relations extérieures françaises va correspondre un dispositif institutionnel dédié à cette région du monde. Les structures administratives chargées de mettre en œuvre la coopération au développement en direction de l'Afrique subsaharienne sont ainsi directement héritières de l'administration de la France d'outre-mer[7] :

1. Le ministère de la Coopération est formellement créé en 1961[8] pour gérer ces relations avec les anciennes colonies. Sa zone de compétence, le « champ[9] », est fixée par son décret d'attribution.

---

[3] Jean-François Medard, *France-Afrique : des affaires de famille*, 1995, p. 30.

[4] Tony Chafer, « Chirac and "la Françafrique" : no longer a family affair », 2005, p. 7.

[5] *Ibidem*, p. 10.

[6] André Lewin, *op. cit.*

[7] Les fondements de la politique africaine de la France et ses modalités dépassent le cadre de la coopération au développement et les institutions désignées ci-dessous. Nous les exposerons plus en détail dans le point 1.2.

[8] Décret 61-591 du 10 juin 1961.

[9] Ce terme est progressivement devenu le terme consacré pour désigner la zone de compétence du ministère de la Coopération, fixée par décret. Nous l'employons entre guillemets.

Les services mis en place entre 1958 et 1960 pour gérer les relations avec la Communauté sont placés sous son autorité[10]. Le ministère de la Coopération dispose également du Fonds d'aide et de coopération (FAC)[11] ainsi que des missions d'aide et de coopération, qui constituent ses services extérieurs dans les pays concernés[12].

2. La Caisse centrale de la France d'outre-mer est renommée Caisse centrale de coopération économique (CCCE) en 1960[13]. Elle conserve ses compétences de financement d'infrastructures exclusivement sur prêt. Ses responsables de l'époque ne souhaitent pas mettre en œuvre le FAC, destiné à faire des dons, par nature plus « politiques ». Sa mise en œuvre revient ainsi, par défaut, au ministère de la Coopération[14].
3. Le secrétariat général aux Affaires africaines et malgaches, rattaché à la présidence de la République, remplace le secrétariat général de la Communauté. Il est confié à Jacques Foccard, très proche du Général De Gaulle. Doté d'un personnel significatif, il jouera un rôle majeur dans les relations politiques avec les pays africains, et donc dans le pilotage de la coopération au développement.

Cette continuité entre administration coloniale et coopération est due, pour une large partie, à l'absence d'anticipation des indépendances et à l'incapacité des états nouvellement indépendants d'assurer leur propre administration. La France fournit pour cela une « assistance

---

[10] Il s'agit des anciens services du ministère de la France d'outre-mer qui avaient été temporairement rattachés aux services du premier ministre après sa disparition en 1958.

[11] Il remplace en 1959 le Fonds d'investissement économique et social (FIDES) et permet de financer des actions d'investissement sur plusieurs années, en s'affranchissant des contraintes de l'annualité budgétaire (décrets 59-462 du 27 mars 1959 et 59-887 du 25 juillet 1959).

[12] Décret 59-888 du 25 juillet 1959.

[13] Cet organisme est l'héritier de la Caisse de la France libre, créée pendant la guerre et transformée à la Libération en institution de financement à destination de l'outre-mer.

[14] Entretien.

technique ». Il s'agit de la mise à disposition de cadres de la fonction publique et d'enseignants, rémunérés par la France mais dont une partie des coûts d'expatriation est prise en charge par le pays d'accueil. La transition entre administrateurs coloniaux expatriés et responsables nationaux prendra plus de dix ans dans la hiérarchie des administrations nationales. Le rôle de l'assistance technique est resté longtemps un rôle de substitution à des ressources humaines locales insuffisantes : après les indépendances, le nombre d'agents de l'administration française expatriés en Afrique a augmenté[15].

En complément de cette assistance technique, le ministère de la Coopération finance des projets de développement sur les fonds du FAC. Il s'agit de dépenses d'investissement pour le développement économique et social : infrastructures productives, formation des armées nouvellement créées, renforcement du système de santé, etc. La CCCE finance, sur prêt, essentiellement des infrastructures de base (routes, réseaux électriques ou réseaux d'eau potable) ou à vocation économique.

Cette coopération au développement de la France avec l'Afrique subsaharienne constitue la plus grande partie de l'aide publique française au développement. Elle présente des spécificités, liées à la volonté de maintien de relations fortes, dans la continuité de l'histoire coloniale. Pour Gordon Cumming[16], la continuité de son cadre institutionnel, de ses modalités et de ses orientations tranche avec les changements fréquents des concepts dominants sur la scène internationale de l'aide au développement. La France semble chercher à se distinguer par rapport aux autres donateurs : son aide est plus importante en termes de pourcentage du revenu national brut que celle des autres puissances comparables ; elle est marquée par l'importance de la coopération technique dans le domaine de l'enseignement[17] ; elle

---

[15] Voir notamment : Ministère de la Coopération, *L'assistance technique française (1960-2000)*, rapport d'étude, Paris, La Documentation française, 1993, p. 79 *sqq.* et Antoine Glaser et Stephen Smith, *Comment la France a perdu l'Afrique*, 2005, p. 53.

[16] 2001, *op. cit.*, p. 66 *sqq.*

[17] Il s'agit de l'assistance technique par la mise à disposition de professeurs, qui constitueront l'essentiel de l'effectif d'assistance technique.

est enfin accordée avec un très faible niveau de conditionnalités politiques.

LA COOPERATION TECHNIQUE HORS D'AFRIQUE, SUPPLETIF DE LA DIPLOMATIE CULTURELLE[18]

Dans les autres colonies ou protectorats français, les indépendances se passent dans des conditions différentes. Ces territoires sont alors sans doute mieux préparés aux indépendances ou disposent d'élites mieux à même de les diriger. Les relations de la France avec ces pays reviennent alors au dispositif diplomatique traditionnel, ce qui est plus conforme à leur souveraineté nouvelle. Le ministère des Affaires étrangères est ainsi chargé d'assurer la transition dans les anciennes colonies ou protectorats français hors de l'Afrique noire. Il s'agit principalement de l'Indochine et de l'Afrique du Nord (Algérie, Maroc, Tunisie). Cette coopération technique[19] comporte trois volets : l'assistance technique, l'accueil en France de stagiaires et boursiers et des actions de pré-investissement (inventaires, études de projets, etc.)[20].

L'assistance technique concerne essentiellement la mise à disposition d'enseignants français, nécessaire pour faire fonctionner le système scolaire mis en place par l'ancienne métropole. Ces missions sont confiées à un service de la coopération technique, créé en 1956 au sein de la Direction générale des affaires culturelles et techniques. Cette fonction vient donc s'ajouter à celles de la « diplomatie culturelle », qui se sont progressivement constituées au cours du XXe siècle pour le soutien de l'enseignement du français et de la diffusion de la culture française à l'étranger. Le but de cette action est de « compenser le relâchement des liens politiques qui unissaient la France aux territoires d'obédience française [...] par une force d'attraction accrue sur le plan

---

[18] Principales références pour ce point : *Les affaires étrangères et le corps diplomatique français ; tome II : 1970-1980,* 1984, p. 651-65 et 720-35 ; François Roche et Bernard Pigniau, *Histoire de la diplomatie culturelle des origines à 1995*, 1995, p. 92-104 ; Marie-Christine Kessler, *op. cit.*, p. 320-27.

[19] Cette notion est développée par les organisations internationales dans les années cinquante (Kessler, *op. cit.*, p. 321).

[20] *Les affaires étrangères et le corps diplomatique français, op. cit.*

culturel et technique »[21]. La formulation montre bien que cette action se situe dans le domaine de l'influence vis-à-vis d'un autre Etat souverain, contrairement aux relations avec l'Afrique, marquées par un partenariat plus étroit défini dans les accords de coopération. La coopération technique vient ainsi prolonger l'action culturelle, tout en adoptant ses motivations centrées sur l'influence de la France[22]. Si le rôle du ministère des Affaires étrangères dans la coopération au développement peut être considéré comme relativement ancien[23], la décolonisation lui donne donc une dimension nouvelle.

La formation de cadres techniques et administratifs dans les domaines de l'administration publique et de l'encadrement technique s'étend ensuite progressivement vers d'autres zones, comme en Inde, au Brésil ou au Ghana. Toutefois ces actions restent souvent de faible ampleur et l'essentiel des crédits de coopération technique du MAE restera durablement orienté vers les territoires de sa compétence précédemment sous tutelle française. Cette coopération au développement, qui mobilise toutefois des crédits bien plus faibles que ceux en faveur du « champ », obéit à une logique de « niche » : il s'agit de mener des actions de faible envergure là où elles peuvent avoir la plus forte visibilité ou un effet de levier sur l'influence culturelle et économique française. L'essentiel des crédits d'aide est ainsi mobilisé dans les domaines de la coopération culturelle et de l'enseignement du français.

---

[21] François Roche et Bernard Pignon, *op. cit.*, p. 92.

[22] Voir notamment Pierre Laurent, directeur général des relations culturelles, scientifiques et techniques, *Les lignes directrices de l'action culturelle, scientifique et technique de la France dans le monde*, allocution prononcée le 12 décembre 1969.

[23] Roche et Pigniau (*op. cit.*, p. 23) font remonter la coopération technique à l'ancien régime, citant la mise à la disposition du Sultan de Constantinople d'ingénieurs français, par l'intermédiaire de l'ambassadeur de France.

La politique du ministere des Finances vis-a-vis des pays en developpement[24]

Le ministère des Finances apparaît comme un acteur majeur de la coopération au développement, même si son action est longtemps restée peu visible. Son rôle s'est progressivement construit autour de trois dimensions : le maintien de relations financières privilégiées avec les anciennes colonies africaines, la participation au pilotage de l'aide au développement à l'échelle multilatérale et la promotion des intérêts économiques et commerciaux français à l'étranger[25].

Le principal dispositif coordonné par le ministère des Finances est la « Zone franc ». Au lendemain des indépendances, la signification du sigle CFA accolé au franc des colonies françaises d'Afrique change pour « Coopération financière en Afrique » dans les ex-colonies d'Afrique centrale et orientale et « Communauté financière en Afrique » en Afrique de l'Ouest. Le maintien d'une parité fixe avec le franc français est garanti par le jeu de comptes d'opérations, intégrés aux lois de finances françaises, dont le déficit éventuel est couvert par la France. Ce mécanisme est géré, pour la partie française, par le service des relations internationales de la direction du Trésor.

Depuis la fin du second conflit mondial, ce service exerce également la tutelle de la France auprès des institutions de Bretton Woods[26] et siège au conseil d'administration de l'Organisation pour la coopération économique et le développement en Europe (OCDE). Dans les années soixante, ces institutions ont progressivement réorienté leurs activités du soutien à la reconstruction en Europe vers l'aide au développement. C'est donc le service des relations internationales de la direction du Trésor qui est chargé de représenter la France dans les principales enceintes internationales s'intéressant à l'aide publique au

---

[24] Sur ce point, voir notamment : Philippe Jurgensen et Daniel Lebegue, *Le Trésor et la politique financière,* 1988, p. 555-624 et Marie-Christine Kessler, *op. cit.*, p. 327-40.

[25] Philippe Hugon, *Permanences et ruptures de la politique économique de la France vis-à-vis de l'Afrique subsaharienne*, 2005, p. 42 *sqq.*

[26] Fonds monétaire international (FMI) et Banque mondiale.

développement[27]. A cela s'ajoute une responsabilité particulière dans la concertation internationale sur la dette des pays en développement à partir des années soixante-dix (« clubs » de Paris et de Londres).

Enfin, la direction du Trésor, en lien avec la direction des Relations économiques extérieures, dispose d'outils de financement de projets à caractère économique (les *protocoles financiers*), destinés à promouvoir les entreprises françaises à l'étranger. Ce dispositif, réservé aux pays « hors-champ », a concouru à l'aide publique au développement française dans les pays éligibles. Mais la justification de ces aides s'est progressivement érodée avec l'apparition d'un excédent commercial pour la France : l'utilisation de fonds publics pour financer les exportations est devenu moins utile à partir de la fin des années quatre-vingt.

Ainsi, l'implication du ministère des Finances a été dès l'origine particulièrement forte dans la politique de coopération au développement. Il s'agit là d'une spécificité française. En 1997, 55 % des crédits de coopération au développement transitaient par le ministère des Finances français contre au plus 22 % pour ses homologues des autres pays donateurs membres du Comité de l'aide au développement de l'OCDE[28].

---

[27] La Conférence des Nations unies pour le commerce et le développement (CNUCED), créée en 1964, a eu un rôle politique important mais son influence dans les actions de développement n'a jamais été significative (Marie-Claude Smouts, *La construction équivoque d'une opinion publique mondiale*, 1997, p. 679). Aux institutions citées ici s'ajoute l'Organisation mondiale du commerce, créée dans la seconde moitié des années quatre-vingt-dix.

[28] Source OCDE-CAD citée par le ministère des Affaires étrangères, *La place de la coopération au développement dans l'action du ministère des Affaires étrangères : bilan et proposition*, juin 2000, p. 20. Ce niveau important s'explique par le rattachement au budget du ministère des Finances des contributions françaises aux institutions multilatérales de développement. Il inclut la contribution au Fonds européen de développement, pour le suivi de laquelle le ministère des Affaires étrangères a toutefois toujours eu un rôle important.

Cette fragmentation du paysage institutionnel de la coopération a été décrite comme un frein important à l'efficacité de cette politique. Il nous semble nécessaire, pour comprendre les prémices de la réforme de 1998, d'aller plus loin dans l'analyse des fondements cognitifs des politiques publiques mises en œuvre par ces différentes institutions. Pour cela, nous utiliserons le concept de *référentiel* développé par Pierre Muller pour l'analyse cognitive de l'action publique[29]. Il s'agit de l'image cognitive ou de la *vision du monde*, autour de laquelle les acteurs organisent leur perception des problèmes, confrontent leurs solutions et définissent leurs propositions d'action[30]. Cette notion est utilisée ici avec un sens très proche[31] du concept de paradigme de politique publique développé par Peter Hall[32] et repris par Yves Surel et Bruno Palier[33]. Nous l'employons comme outil de cartographie de ces différents cadres cognitifs utilisés dans la mobilisation des outils de l'aide publique au développement.

Nous proposons de définir trois *référentiels* autour des politiques de coopération au développement. Nous les nommerons « rayonnement économique », « développementaliste » et « influence culturelle ». Pour les décrire en détail, nous utiliserons les critères proposés par Christelle Mandin et Bruno Palier[34] pour comparer les *paradigmes* de politique publique : les *diagnostics des problèmes*, les *valeurs et objectifs affichés*, les *normes d'action publique* et les *instruments*. Nos données empiriques étant insuffisantes pour retracer de façon satisfaisante les

---

[29] *Esquisse d'une théorie du changement dans l'action publique : structures, acteurs et cadres cognitifs*, 2005.

[30] Muller, 2003, *op. cit.*, p. 62.

[31] La différence entre les deux notions réside dans les modalités d'explicitation du changement de ces présupposés cognitifs, ce qui sort du cadre dans lequel nous les utilisons ici. En première approximation, ces deux notions peuvent donc être considérées comme synonymes dans le contexte du présent travail.

[32] *Policy paradigms, social learning, and the State : the case of economic policymaking in Britain*, 2005.

[33] *Les « trois i » et l'analyse de l'Etat en action*, 2005, p. 16 *sqq*.

[34] *L'Europe et les politiques sociales : vers une harmonisation cognitive des réponses nationales*, 2004, p. 276 *sqq*.

images ou modèles des différents référentiels que nous définissons, qui constituent la dernière dimension proposée par Mandin et Palier, elle ne sera donc pas analysée ici. Nous ajouterons toutefois à ces critères la notion d'algorithmes, proposée par Pierre Muller, qui nous permettra de bien décrire les logiques très tranchées entre ces trois *référentiels*.

Référentiels de politique publique	**« Rayonnement économique »**	**« Développementaliste »**	**« Influence culturelle »**
Diagnostics	La France n'investit et n'exporte pas assez à l'étranger	Les inégalités Nord – Sud se développent	La France perd sa position de grande puissance culturelle et économique
Valeurs et objectifs affichés	Assurer le développement économique de la France à l'étranger	Aider les pays du Sud à se développer	Maintenir l'influence française par la pénétration de sa culture et de sa langue au niveau des élites des pays partenaires
Normes d'action publique	L'Etat doit aider les entreprises françaises à se développer à l'étranger	L'Etat doit financer l'aide au développement des pays les plus pauvres	L'Etat doit garantir le rayonnement de la culture et de la langue française
Algorithmes	Notre aide au développement est liée et destinée à des entreprises françaises. Elle profitera donc à notre économie	Les investissements réalisés dans le cadre des projets de coopération vont permettre aux bénéficiaires de se développer à un rythme accéléré (*big push*)	Si les élites des pays bénéficiaires sont imprégnées de la culture et de la langue française et s'ils voient les efforts que nous consentons pour le développement, nous serons plus influents et notre économie en profitera
Instruments	Aide publique au développement (les priorités et les modalités sont différentes pour chaque référentiel)		

Tableau 1 : Les trois référentiels du secteur de la coopération au développement

Le tableau 1 synthétise les différentes dimensions de ces trois *référentiels*. Ils se distinguent par les éléments de diagnostic, les valeurs, les normes d'actions publiques et les algorithmes. Toutefois, conformément à notre définition de la coopération au développement, les instruments de ces trois référentiels appartiennent à une même catégorie : il s'agit des transferts financiers et de l'assistance technique apportée à des pays en développement. Les priorités thématiques et les modalités de ces actions peuvent être variables, mais ressortent toutes de l'aide au développement[35].

Cette construction autour de trois référentiels reflète les contradictions de la politique de coopération au développement. Nous avons indiqué ici les référentiels guidant les logiques administratives. On pourrait en décrire un quatrième, guidant l'action des responsables politiques dans la conduite de la coopération avec l'Afrique autour de la nécessité de conserver, coûte que coûte, ce lien fort avec les anciennes colonies.

Ces trois référentiels doivent être pris comme des idéaux-types au sens wébérien : ils ont pu coexister comme fondements cognitifs des politiques réelles menées par les acteurs de telle ou telle institution, de façon variable dans le temps. Cette base cognitive ne semble pas avoir de rapport direct avec les compétences des différentes institutions, établies, comme nous l'avons vu dans ce premier point, selon des critères géographiques ou sectoriels. Il nous semble toutefois possible d'identifier des corrélations entre les acteurs des principales organisations chargées de la coopération au développement et ces trois *référentiels*, sans doute liées à l'identité de ces institutions et aux différentes communautés professionnelles qui les habitent, schématisées par la figure 1.

---

[35]Ces trois référentiels ne mobilisent donc pas des instruments exactement identiques pris dans le sens de la définition de Pierre Lascoume et Patrick Le Gales : « Un instrument d'action publique constitue un dispositif à la fois technique et social qui organise des rapports sociaux spécifiques entre la puissance publique et ses destinataires en fonction des représentations et des significations dont il est porteur » (*L'action publique saisie par ses instruments*, 2004, p. 13).

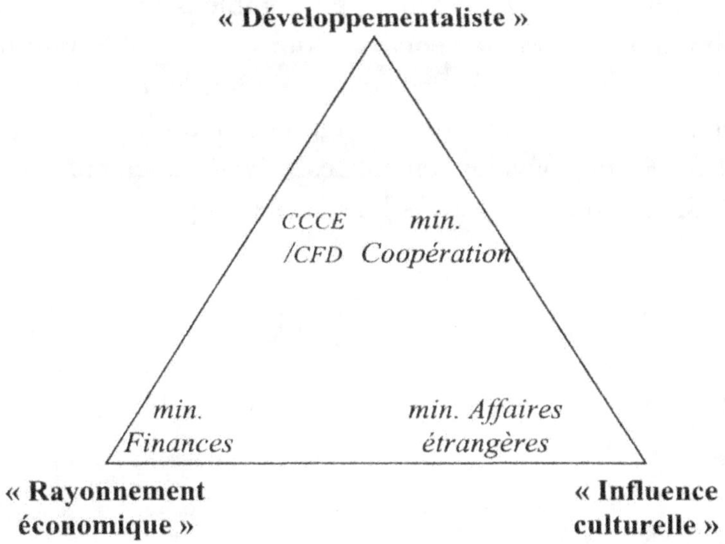

Figure 1 : Adhésion des acteurs de chaque institution aux trois référentiels idéaux-typiques de la coopération au développement

Cette représentation approximative résulte de la connaissance que nous pouvons avoir de ces institutions à travers la littérature que nous avons consultée et les entretiens réalisés. Elle nous semble toutefois constituer une hypothèse réaliste de l'adhésion des acteurs du champ étudié aux trois référentiels de la coopération au début des années quatre-vingt-dix, les fondements cognitifs de l'action des acteurs ayant pu évoluer dans le temps. Elle montre que les agents de la Caisse centrale de coopération économique, très centrés sur les aspects techniques, ne se reconnaissent pas dans l'aspect culturel de la *coopération*. Le ministère des Finances nous semble essentiellement axé sur le référentiel du « rayonnement économique », tout en incorporant la dimension de développementaliste de façon marginale. De même, ceux du ministère des Affaires étrangères semblent focalisés essentiellement sur « l'influence culturelle » et, dans une moindre mesure, le « rayonnement économique », qui est censé en découler. Seuls les acteurs du ministère de la Coopération peuvent se référer aux trois référentiels décrits plus haut, même si le référentiel développementaliste domine.

On remarquera qu'aucun acteur ne semble s'inscrire totalement dans le référentiel développementaliste, qui nous semble pourtant être représentatif du cadre cognitif des acteurs de terrain de l'aide publique au développement dans le monde. Il s'agit là d'une spécificité française, où la recherche du développement est, historiquement, davantage articulée à d'autres fins, dans les politiques de coopération.

- II -

La coopération avec l'Afrique : une spécificité qui fait problème

Comme nous l'avons vu, la coopération avec l'Afrique dispose dès le départ d'institutions spécifiques, héritières des administrations coloniales. Elle est également d'emblée la plus importante en volume et l'est restée depuis. Cette spécificité africaine est un des sujets importants justifiant la réforme de 1998. Dans ce second point, nous développerons les liens entre la *politique africaine* de la France et la coopération au développement, en particulier celle du ministère de la Coopération. Ceux-ci expliquent en effet, pour une part, l'installation dans la durée de cette politique transitoire.

LE MINISTERE DE LA COOPERATION ENTRE DEVELOPPEMENT ET INFLUENCE

Les objectifs de la politique de coopération en direction de l'Afrique subsaharienne peuvent être, depuis sa mise en place dans les années soixante, regardés selon deux angles bien distincts. D'un côté, ils remplissent un devoir de solidarité avec une région du monde vis-à-vis de laquelle la France peut sembler redevable. En ce sens, son objectif est de favoriser le développement. Mais cette politique est également motivée par la poursuite des intérêts de la France sur le plan géopolitique et économique : il s'agit de conserver une zone d'influence nécessaire à la *grandeur* et au *rayonnement* de la France. Cette seconde dimension est moins facilement assumée que la première. Pourtant, comme nous allons le voir, la majorité des analystes semblent y voir l'explication de la place particulière donnée aux relations avec l'Afrique dans l'appareil public français. Le ministère de la Coopération est ainsi traversé, depuis sa création, par une contradiction : instrument d'une politique visant à renforcer l'influence de la France, ses équipes étaient motivées par un esprit de solidarité.

L'inavouable politique africaine de la France[36]

« Sans l'Afrique, il n'y a pas d'histoire de France au XXIe siècle »[37].

Cette phrase prononcée par François Mitterrand dans les années cinquante, peu après avoir été ministre de la France d'outre-mer, préfigure l'option politique choisie par la France, toutes tendances confondues, sous la Ve République. L'enjeu de l'après-guerre est de conserver durablement à la France son statut de puissance moyenne. Dans le contexte de la décolonisation, les liens avec les ex-colonies africaines apparaissent essentiels sur un plan économique[38] et géopolitique : il s'agit, coûte que coûte, de maintenir ces nouveaux Etats arrimés à l'ancienne métropole.

Cette stratégie semble rester d'actualité au milieu des années quatre-vingt-dix, puisque Jacques Godefrain, ministre de la Coopération entre 1995 et 1997, écrit en 1998 :

> « C'est ainsi : grâce à ce lien avec l'Afrique, la France ne sera jamais ni le Lichtenstein, ni même l'Allemagne. Nous sommes un pays à part en Europe. Aux Nations unies, grâce à l'Afrique, nous pesons plus lourd que notre population, notre superficie et notre produit intérieur brut. L'Afrique est pour nous un levier

---

[36] Les références sur ce sujet sont très nombreuses. Citons ici : Jean-François Bayart, *La politique africaine de François Mitterrand*, 1984 ; Gérard Bossuat, *op. cit.* ; Tony Chafer, *French African policy in historical perspective,* 2001 ; Gordon Cumming, *Modernization without « banalisation » : toward a new era in French African aid relations ?*, 2000 ; Antoine Glaser et Stephen Smith, 2005, *op. cit.* ; Roland Marchal, *France and Africa : the emergence of essential reforms ?,* 1998 ; Jean-François Medard, *op. cit.* ; Franck Petiteville, *op. cit.* ; François-Xavier Verschave, *La Françafrique : le plus long scandale de la république, 1998* ; Claude Wautier, *Quatre présidents et l'Afrique, 1995.*

[37] François Mitterrand, « Présence française et abandon », *Tribune Libre* n° 12, 1957, cité par Tony Chafer, « French African policy : toward change », *African affairs,* 1992, n° 91, p. 37-51.

[38] Une part très importante du commerce extérieur français se fait alors avec l'Afrique.

formidable. Petit pays, avec une petite force, nous pouvons soulever la planète parce que nous sommes en relation d'amitié et d'intimité avec quinze ou vingt pays africains »[39].

Cette importance stratégique donnée à l'Afrique justifie la mise en place, parallèlement aux actions de coopération décrites plus haut, d'une diplomatie spécifique, directement conduite par l'Elysée, guidée par l'intérêt national et la « raison d'Etat »[40]. Cette *politique africaine* se construit progressivement autour de *réseaux* interpersonnels, liant notamment le président français à ses homologues africains[41], formant ce que Félix Houphouët Boigny nomma la « Françafrique ». Ces *réseaux* englobant alors des intérêts publics et privés s'étendent au-delà de l'administration de l'Etat à certaines entreprises publiques et privées. Mis en place progressivement dans les années soixante, ces *réseaux*, fonctionnant au service de l'Etat, ne convergent pas dans les services du ministère de la Coopération ou à son cabinet, mais à la cellule africaine de l'Elysée.

Sur le plan de l'action publique, la *politique africaine* conduit à des interventions régulières de la France pour soutenir les régimes amis dans les pays du « pré carré[42] » : soutien financier pour éviter la banqueroute et appui militaire en cas de menace à sa sécurité. Il semble que ces interventions soient allées jusqu'au renversement de dirigeants en froid avec Paris, remplacés par de plus conciliants[43]. « L'Etat *francafricain* » est une « affaire de famille »[44] que symbolisent les sommets France – Afrique, institués en 1973 et réunissant autour du

---

[39] *L'Afrique, notre avenir*, Paris, Michel Lafont. Cité par Antoine Glaser et Stephen Smith, 2005, *op. cit.*

[40] François Goutebrune, *La France et l'Afrique : le crépuscule d'une ambition stratégique ?*, 2003, p. 1038.

[41] Antoine Glaser et Stephen Smith, *Ces messieurs Afrique : le Paris-village du continent noir*, 1992 ; François-Xavier Verschave, *op. cit.*

[42] Autre dénomination, devenue relativement péjorative, des pays du champ. L'expression est de François Mitterrand (Goutebrune, *op. cit.*).

[43] Ce type d'interventions mêlant diplomatie, services secrets et forces armées est décrit en détail par Antoine Glaser et Stephen Smith, 2005, *op. cit.*, et François-Xavier Verschave, *op. cit.*

[44] Chafer, 2005, *op. cit.*

président français ses homologues du « pré carré ». Selon Jean-François Médart, « un tel système de relations qui mélange allègrement les affaires et la politique est intrinsèquement corrompu, même si les corrupteurs au sommet ne sont pas personnellement corrompus, et quelles que soient les finalités politiques, plus ou moins nobles, derrière lesquelles ils ont pu s'abriter »[45]. Mais cette « corruption institutionnalisée »[46] est au service de l'Etat : la *raison d'Etat* excuse tout.

Ce système est souvent décrit comme néocolonial et permettant à la France de tirer avantage de la dépendance des pays africains à son égard[47]. Les travaux récents montrent que cette relation a été plus équilibrée qu'il n'y paraît au premier abord. Cet échange d'avantages réciproques relève plus d'un *clientélisme à double sens* que d'un système néocolonial strict[48]. Au niveau français, les avantages perçus sont géopolitiques et économiques[49], mais résident aussi, pour les décideurs politiques, dans des liens moins avouables : « Le financement des partis "métropolitains" (y compris du Parti communiste sous le couvert de sociétés d'études et d'agroalimentaire implantées au Congo-Brazzaville, au Bénin et au Burkina Faso) par les pays francophones a permis à ceux-ci de pratiquer une diplomatie du chantage (ostensible chez Omar Bongo, plus discrète mais non moins efficace chez Félix Houphouët-Boigny ou Gnassingbe Eyadema) et d'en tirer auprès du

[45] *Op. cit.*, p. 33.

[46] Glaser et Smith, 2005, *op. cit.*, p. 156.

[47] Voir notamment Claude Wautier, *op. cit.*, et François-Xavier Verschave, *op. cit.* Contrairement aux clichés selon lesquels les pays africains, véritables républiques bananières, seraient aux mains d'Etats fantoches manipulés, Jean-François Bayart montre l'épaisseur sociale des Etats africains, véritablement en mesure de gouverner dans leurs pays (*L'Etat en Afrique : la politique du ventre*, 1990a).

[48] François Goutebrune, *op. cit.*, p. 1037 ; Franck Petiteville, *op. cit.*, p. 572.

[49] Certaines sources mentionnent également des avantages matériels au profit notamment du financement des partis politiques français (Jean-François Medart, *op. cit.*, François-Xavier Verschave, *op. cit.).*

gouvernement français un crédit hors de proportion avec leur puissance ou leur représentativité réelle »[50].

Pour Tony Chafer, « les Africains n'ont pas été simplement des "récipiendaires" passifs de cette relation [avec la France]. Même si elle a été indubitablement inégale, les Africains ont néanmoins joué un rôle clé dans la détermination du rythme et de la nature des changements. En particulier, ils ont su exploiter finement le "besoin d'Afrique" français afin d'en retirer des avantages de la part de la France »[51]. L'usage par les dirigeants africains de la menace de se tourner vers d'autres partenaires semble avoir constitué un moyen de pression efficace sur le partenaire français. « Loin d'être des "poupées", [les chefs d'Etat africains] ont souvent été ceux qui tiraient les ficelles ».[52]

---

[50] Jean-François Bayart, *France-Afrique : La fin du pacte colonial*, 1990b *op. cit.*, p. 49. Omar Bongo, Félix Houphouët-Boigny et Gnassingbe Eyadema sont respectivement chef de l'Etat au Gabon, en Côte-d'Ivoire et au Togo au moment de la rédaction de l'article que nous citons.

[51] Chafer, 2001, *op. cit.*, p. 175.

[52] Chafer, 1992, *op. cit.*, p. 41.

La coopération, une politique en trompe-l'œil au service de la politique africaine ?

A première vue, le ministère de la Coopération semble chargé de la mise en œuvre de ce clientélisme. Son statut très spécifique lui permet de déroger à la règle commune voulant que l'action extérieure de l'Etat soit coordonnée par le ministère des Affaires étrangères[53]. Son administration centrale et ses services extérieurs dans les pays concernés fournissent ainsi, dès leur création, un cadre formel pour une diplomatie parallèle dont il n'est pas l'acteur. On peut donc y voir une courroie de transmission efficace, et peu soumise au contrôle gouvernemental[54], pour le pilotage centralisé de la coopération franco-africaine par l'Elysée.

Le succès de cette analyse a conduit à considérer le ministère de la Coopération et plus largement les actions de coopération au développement à destination du « champ » comme une « façade », derrière laquelle se tissaient des relations moins avouables mais contribuant plus directement à la préservation de l'intérêt national, tel qu'il pouvait être perçu. Pour Franck Petiteville, « il est permis de se demander si l'immuabilité de l'éclatement administratif [du dispositif de coopération], pourtant régulièrement décrié, ne s'explique pas d'abord parce qu'elle préserve la concentration politique du processus décisionnel [au niveau de la présidence de la République] »[55].

Mais il serait inexact de simplifier l'action du ministère de la Coopération et de ses agents à celle de simples opérateurs de la mise en

---

[53] Le décret 61-584 du 11 juin 1961 rend au MAE la responsabilité des relations diplomatiques avec les anciennes colonies d'Afrique, en excluant les prérogatives du ministère de la Coopération qui sont définies très largement par les accords de coopération (Lewin, *op. cit.*, p 74). L'action du ministère de la Coopération sera également exclue du champ d'application du décret 79-433 du 1er juin 1979 relatif aux pouvoirs de coordination des ambassadeurs de l'action de l'Etat à l'étranger (Lewin, *op. cit.*, p. 72).

[54] Comme peut l'être celle du ministère de la Défense (Samy Cohen, *La défaite des généraux : le pouvoir et l'armée sous la Ve République*, 1994).

[55] Franck Petiteville, *op. cit.*, p. 583.

œuvre d'appuis clientélistes. En effet, le ministère de la Coopération est d'abord une administration de mission. Il ne dispose pas d'une administration pérenne et d'agents titulaires spécifiques[56] et a longtemps été peuplé d'agents détachés des autres ministères et d'agents contractuels[57]. Ceux-ci ont généralement choisi cette situation précaire pour poursuivre dans leur activité professionnelle un certain engagement. Leur implication au service de l'objectif de développement est forte, presque militante[58] :

> « Je venais [rue Monsieur] avec préjugés… Je [la] confondais avec la rue de l'Elysée. J'ai découvert rue Monsieur la formidable disponibilité de ces équipes faites de bric et de broc, d'administrateurs de la France d'outre-mer, mais encore de médecins, d'ingénieurs, de professeurs, de scientifiques, capables de bousculer les routines, de se mobiliser pour de nouvelles aventures, capables d'y croire »[59].
>
> « Il y avait chez beaucoup [des agents du ministère de la Coopération] un trésor de compétences, d'empathie, de compréhension de ces sociétés, de capacités d'action… Il y avait des gens formidables »[60].
>
> « Depuis une vingtaine d'années on a vu progressivement se mettre en place une administration véritablement professionnelle. […] Il y a maintenant très clairement des cultures de services, des manières de penser, des manières

---

[56] La création de corps spécifiques pour les fonctionnaires servant au ministère de la Coopération devra attendre les années soixante-dix. Les premiers recrutements d'administrateurs civils à la sortie de l'Ecole nationale d'administration datent de la fin des années soixante-dix.

[57] Sur l'origine des personnels du ministère de la Coopération, voir Julien Meimon, *La socialisation militante des professionnels de la solidarité internationale : l'exemple des agents du ministère de la Coopération*, 2004.

[58] Meimon, *op. cit.* Voir également Franck Petiteville, *op. cit.*, p. 578.

[59] Jean-Pierre Cot, ministre de la Coopération en 1981-1982. Déclaration faite à l'occasion d'un hommage rendu à Jean Audibert le 17 mars 1999. Cité par Lewin, *op. cit.*, p. 77. Le ministère de la Coopération est situé au 20, rue Monsieur. La cellule africaine de la présidence de la République est logée au 2, rue de l'Elysée.

[60] Entretien (diplomatie).

d'organiser les activités administratives qui ont profondément changé et changé en bien »[61].

Le rôle des actions de coopération au développement dans l'entretien des liens clientélistes peut donc être analysé comme une *externalité* d'interventions qui sont conduites par ses acteurs avec d'autres objectifs : en cherchant à contribuer au développement des pays partenaires, l'action du ministère de la Coopération contribue au renforcement des liens franco-africains[62]. D'ailleurs, pour Marie-Christine Kessler, « la coopération elle-même n'était pas la préoccupation du président [de la République], tant qu'elle se content[ait] d'être une succession de projets d'aide au développement ou d'assistance financière »[63].

Les effets secondaires de leur action au service de la politique africaine sont, d'ailleurs, généralement peu évoqués par les agents du ministère et les coopérants mettant en œuvre l'aide :

> « On a parlé aux assistants techniques de la politique de coopération [au développement], mais celle-ci n'a jamais été replacée dans un contexte géopolitique. On a pu évoquer devant eux les liens historiques qui unissent la France et l'Afrique. [...] Mais de rapports de forces, d'intérêts stratégiques, de rivalités et de puissance, bref de politique africaine de la France, il n'en a jamais été question »[64].

Pourtant, la vision simplifiée amalgamant coopération et *Françafrique*, largement répandue chez les élites de gauche de la fin des

---

[61] Etienne Le Roy, *La coopération française en question : actes du cycle de conférences coorganisées par l'Observatoire permanent de la coopération française et la Bibliothèque publique d'information d'octobre 1996 à mars 1997*, 1998, p. 312.

[62] Toutefois, certains instruments permettent des appuis souples à des actions de nature clientéliste, qui restent toutefois très marginales en volume. Claude Wautier (*op. cit.*, p. 417) cite par exemple la prise en charge sur les crédits du ministère de la Coopération d'une partie des dépenses du « sacre » de l'empereur Bokassa en Centrafrique.

[63] *Op. cit.*, p. 306.

[64] Michel Gaud, *in* Ministère de la Coopération, *L'assistance technique française (1960-2000)*, Paris : La documentation française, 1994, p. 86, cité par Franck Petiteville, *op. cit.*, annoté par nous.

années soixante-dix, reste celle de plusieurs hauts responsables politiques en charge de la réforme de 1998[65].

UNE POLITIQUE TRANSITOIRE QUI S'INSTALLE DANS LA DUREE

La politique de coopération avec l'Afrique a été annoncée comme transitoire. Pourtant, comme le montre le graphique 1 ci-dessous, les moyens alloués ne cessent de progresser des années soixante au début des années quatre-vingt-dix. Cette croissance peut être expliquée par deux facteurs principaux : la croissance des besoins d'aide et celle de l'offre d'aide de la France, justifiée par l'approfondissement de la politique africaine et l'élargissement continu du « champ ».

La croissance des besoins d'aide est d'abord liée à la croissance démographique des pays concernés, qui augmente mécaniquement les besoins en infrastructures de base et en infrastructures économiques. La population africaine passe ainsi de 281 millions d'habitants en 1960 à 415 en 1975 et plus de 900 actuellement[66]. L'essentiel de cette croissance concerne l'Afrique subsaharienne, dont la population a plus que doublé depuis le milieu des années soixante-dix[67].

---

[65] Entretiens.

[66] Nations unies, Perspectives mondiales de population (http://esa.un.org/unpp).

[67] Passant de 313 à 674 millions d'habitants (source rapport développement humain – PNUD).

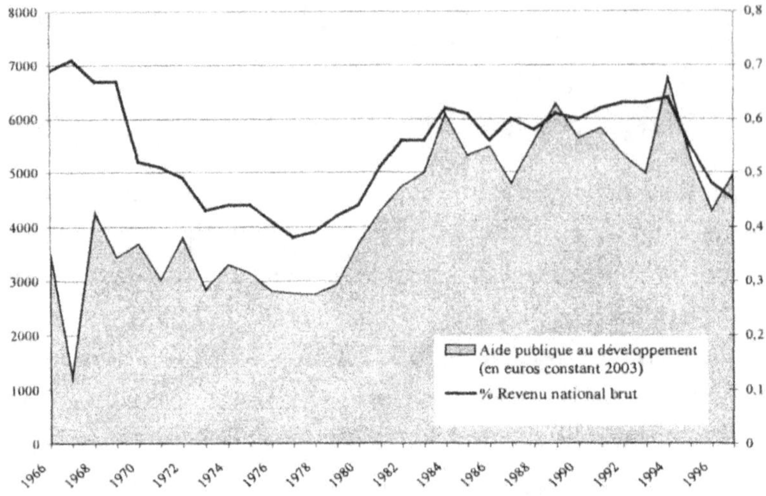

Graphique 1 : Aide publique française au développement (1966-1997)[68]

Cette croissance de l'aide peut également être corrélée au développement économique des pays concernés. Le boom du cacao ou du coton permet notamment la multiplication de projets à vocation économique. De façon générale, le volume d'actions finançables sur l'aide extérieure, appelé « capacité d'absorption », est d'autant plus significatif que la base productive du pays concerné est importante et que celui-ci est ouvert à l'économie mondiale, compte tenu des modalités d'évaluation de leur rentabilité. Il est à noter que, dans le contexte des années soixante-dix - quatre-vingt, l'offre d'aide croît à l'échelle internationale, du fait des liquidités disponibles sur les marchés financiers (« pétrodollars »).

Du côté de l'offre de développement, pour André Guichaoua, « la compétition politique et économique entre puissances tutélaires demeure la règle vis-à-vis de tous les pays qui présentent des intérêts stratégiques ou qui demeurent tout simplement solvables, ce qui autorise bien des brèches dans les nouvelles prédispositions gestionnaires et la volonté de transparence politique demandée au

[68] Données OCDE en ligne sur DAC-online (http://www.oecd.org/dataoecd).

pouvoir en place »[69]. Le maintien de la France aux premiers rangs des donateurs vis-à-vis de ses principaux partenaires implique ainsi des efforts budgétaires importants : l'aide passe de moins 0,4 % du revenu national brut au début des années soixante-dix à environ 0,6 % dans les années quatre-vingt - quatre-vingt-dix (graphique 1).

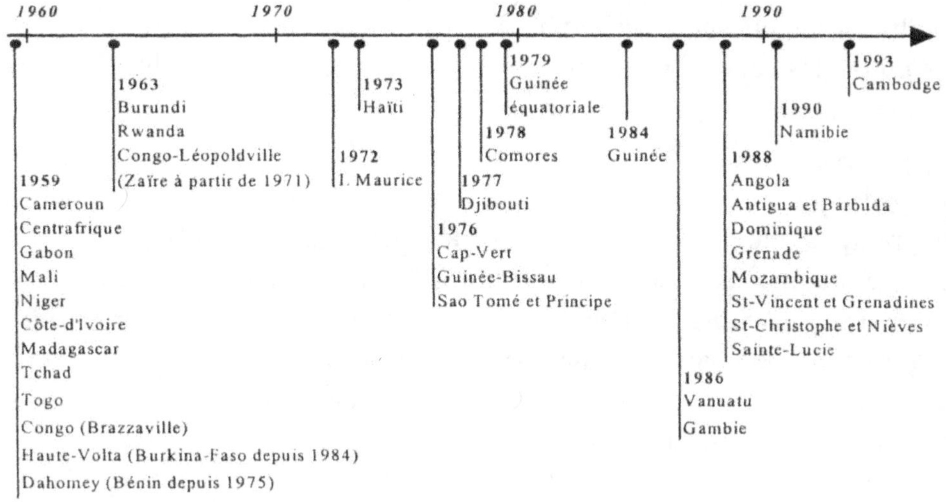

Figure 2 : *Pays relevant du ministère de la Coopération entre 1960 et 1995*[70]

Cette croissance de l'offre française d'aide tient enfin à l'extension de la politique des *réseaux* au cours des années soixante-dix, qui se traduit notamment par l'allongement progressif de la liste des pays du « pré carré ». Citons notamment (voir figure 2) les anciennes colonies belges en 1963, Haïti en 1973, les anciennes provinces portugaises en 1976[71], l'Angola, le Mozambique et la zone Caraïbe en 1988. Cet élargissement de la politique africaine s'explique par l'importance croissante de l'Afrique pour la sécurisation des approvisionnements de la France en matières premières, notamment en pétrole dans le contexte

---

[69] 1997, *op. cit.*

[70] Il s'agit des pays désignés dans les décrets d'attribution du ministère de la Coopération, pour chacun est indiquée la date de leur entrée dans le *champ*. Source : André L. Lewin, *op. cit.*, annexe 4.

[71] Elles sortent temporairement du « champ » entre 1986 et 1988.

des deux chocs pétroliers. Elle tient également à l'extension de la guerre froide en Afrique.

Dans ce contexte, les activités du ministère de la Coopération se développent. Les effectifs d'assistance technique restent par exemple, jusqu'au début des années quatre-vingt, au-delà de ceux qui étaient recensés immédiatement après les indépendances[72]. La présence de nombreux agents sur le terrain à même d'instruire et de mettre en œuvre de nouvelles actions constitue un facteur d'entretien du flux de décaissement.

De façon paradoxale, le rôle du ministère de la Coopération dans le dispositif franco-africain décrit ci-dessus permet à ses agents de mettre en pratique leurs idéaux altruistes dans une assez grande liberté. La relative qualité des actions conduites et la demande soutenue des partenaires africains ne nécessitent pas de réévaluation des méthodes jusque dans les années quatre-vingt. Protégés par les motivations géopolitiques de l'aide, les méthodes et les outils ne sont jamais profondément remis en cause.

[72] Voir graphique 2.

Chapitre 2

Une réforme issue d'un consensus ambigu

- I -

L'impossible réforme institutionnelle ?

> *« Il faudra bien que cela se termine, ce secrétariat à la Coopération, cela ne peut pas durer. Il devrait être rattaché au Quai d'Orsay »*[1].

La spécificité de l'organisation de la coopération avec l'Afrique s'est finalement avérée durable. Elle n'allait pourtant pas de soi dès le début des années soixante. Même son instigateur, le Général De Gaulle, appelait, en privé, de ses vœux, dès 1966, une réforme institutionnelle. Depuis le début des années soixante, les objectifs et les modalités organisationnelles de la coopération avec l'Afrique ont fait l'objet d'un nombre si important de travaux à la demande des autorités politiques qu'un acteur très au fait du dispositif peut écrire que « la liste des rapports confiés entre 1962 et 1998, voire plus tard, à des commissions ad hoc, à des services ministériels ou à des parlementaires est difficile à établir »[2]. André L. Lewin en recense une cinquantaine, dont plus d'une vingtaine entre 1990 et 2001[3]. Même si leur argumentation dépend des circonstances dans lesquelles ils ont été écrits, la majorité de ces rapports proposaient une rénovation ou une réforme du dispositif institutionnel de coopération. Les propositions se tournaient généralement vers le regroupement au sein d'un ministère unique de l'ensemble des prérogatives de la coopération au développement[4]. Cette somme de réflexion administrative montre que l'absence de réforme

---

[1] Charles de Gaulle, 1966, propos rapportés par Jacques Foccart dans *Foccart parle* (avec Philippe Gaillard, Paris, Fayard, 1995). Cité par le quotidien *Libération*, 5 février 1998.

[2] Jean Nemo, 2005, *op. cit.*, III. 2.

[3] *Op. cit.*, annexe 5.

[4] Jean Nemo, 2005, *op. cit.*, III. 2.

n'est pas à rechercher dans l'absence de solutions aux problèmes diagnostiqués. Les résistances d'une partie des acteurs concernés contre toute évolution du dispositif ont parfois été assez puissantes pour que les conclusions de certains rapports ne soient pas rendues publiques. Ainsi, la dernière partie du rapport Jeanneney[5] traitant des évolutions institutionnelles souhaitables a été retirée de la version publiée. Les rapports Gorce[6] et Hessel[7] n'ont, eux, jamais été publiés, même si leurs conclusions ont percolé assez largement au-delà du cercle des lecteurs autorisés et ont même donné lieu à des articles de presse[8].

Pourtant, jusque dans les années quatre-vingts, aucune réforme d'envergure n'a eu lieu[9]. Dans ce premier point nous développerons, comme introduction à ce second chapitre, les freins qui ont conduit à l'échec des initiatives ultérieures de réformes, jusqu'à celle de 1997. Nous verrons ensuite comment les changements intervenus dans le contexte international et national de la politique de coopération au développement ont créé des tensions importantes, qui peuvent expliquer le besoin d'une réforme à partir du milieu des années quatre-vingt-dix. Nous conclurons en montrant l'ambiguïté et les contradictions du consensus qui s'est fait jour à ce moment-là pour justifier la réforme du dispositif institutionnel de la coopération au développement.

---

[5] Jean-Marcel Jeanneney, rapporteur Simon Nora. *La politique de coopération avec les pays en voie de développement*, rapport remis au gouvernement le 18 juillet 1963.

[6] Georges Gorce, rapporteur Yves Roland-Billancourt. *La coopération de la France avec les pays en voie de développement : rapport au gouvernement français*. Comité d'étude de la politique de coopération avec les pays en développement, 1971.

[7] Stéphane Hessel, *Les relations de la France avec les pays en développement*, rapport au premier ministre, 1991.

[8] « La coopération critiquée », *Le Monde*, 15 mai 1990. « Le rapport Hessel dénonce la coopération à la française », *La Croix*, 13 juin 1990.

[9] Lors de son accession à la présidence de la République, Valéry Giscard d'Estaing a souhaité donner un signe d'inflexion de la politique africaine. Le secrétariat général des Affaires africaines et malgaches fut ainsi supprimé et la centaine d'agents qu'il comprenait transférés au ministère de la Coopération. Toutefois, il conserva (dans les mêmes murs) une petite équipe de conseillers techniques qui, pouvant s'appuyer sur les services de la rue Monsieur, continuèrent à assurer une fonction de pilotage politique du dispositif de coopération.

LES TENTATIVES DE REFORMES : 1981-1982 ET 1995-1996

Ainsi jusqu'à l'alternance de 1981, le dispositif mis en place par le Général De Gaulle et Jacques Foccart est resté inchangé. Avec l'arrivée de la gauche au pouvoir, le ministère de la Coopération est rattaché au ministère des Relations extérieures. Jean-Pierre Cot est nommé ministre délégué chargé de la coopération et du développement pour donner une impulsion politique plus proche du tiers-mondisme traversant à l'époque la gauche[10]. Il prépare alors une réforme institutionnelle d'envergure. L'objectif est d'unifier au sein d'une même administration, rattachée à la diplomatie, les relations de coopération avec tous les pays en développement. Cette réforme s'accompagne d'un changement de style dans les relations avec les Etats africains, pour rompre avec la complaisance constatée jusque-là, au nom de la raison d'Etat. Mais, lorsque paraissent les décrets réformant l'organisation du ministère des Relations extérieures[11], la messe est déjà dite ; la continuité de la politique africaine l'a emportée sur les tentatives de réformes de la politique de coopération au développement. « C'est Mitterrand lui-même, alerté par plusieurs de ses homologues africains souhaitant conserver un interlocuteur unique, qui mit un terme à cette velléité »[12].

La réforme a pourtant été mise en œuvre et les administrations de la coopération et de la diplomatie culturelle effectivement fusionnées pour créer deux directions compétentes pour l'ensemble du globe : une Direction du développement et une direction des Relations culturelles. Mais le pilotage politique est resté scindé entre la rue Monsieur et le Quai d'Orsay. L'alternance de 1986 a conduit à la déconstruction de l'administration unique de la coopération au développement par le gouvernement de Jacques Chirac et au retour au dispositif gaullien. La facilité avec laquelle ce « détricotage » a pu être réalisé montre que la

---

[10] Sur cet épisode, voir notamment Jean-François Bayart, 1984, *op. cit.*, et Jean-Pierre Cot, *A l'épreuve du pouvoir : le tiers-mondisme pour quoi faire ?*, 1984.

[11] Le président Mitterrand, contrairement à la pratique habituelle à l'époque, laisse au premier ministre le soin de les signer.

[12] Lewin, *op. cit.*, p. 63.

réforme Cot n'était que la juxtaposition de structures et non leur fusion. Ce retour à la situation antérieure a été très mal vécu par les acteurs de la réforme Cot[13]. Cette référence aura une importance forte dans la définition de la réforme de 1998, conduite pour une part importante par des acteurs directs de celle de 1981.

La seconde tentative de réforme institutionnelle, pour fusionner ministère des Affaires étrangères et ministère de la Coopération, fut instruite sous l'impulsion d'Alain Juppé en 1995. Elle fit même l'objet de déclarations ministérielles assez précises de part et d'autre détaillant les intentions de réformes. Un petit groupe de travail fut chargé d'instruire le dossier de la fusion sur le plan technique et proposa des solutions administrativement recevables[14]. L'objectif était également de retirer certaines compétences à la direction du Trésor du ministère des Finances pour les confier à une grande Direction du développement au sein du Quai d'Orsay. Finalement, c'est cette fois encore par le chef de l'Etat que fut sifflée la fin de la partie :

> « Nous avons [...] des liens particuliers avec un certain nombre de pays [...]. Et ceci explique ou justifie que nous ayons une structure administrative et politique spécifique, c'est le ministère de la Coopération. [...] Je peux vous dire en tous les cas que pendant ce septennat cette structure ne sera pas modifiée »[15].

Il semble que les craintes des chefs d'Etat africains aient également joué un rôle dans l'ajournement de cette réforme.

Les freins a la reforme

L'échec de ces deux réformes nous semble relever des mêmes causes, qui expliquent pour partie l'absence de réforme organisationnelle entre le début des années soixante et la fin des années quatre-vingt-dix. Elles se trouvent à deux niveaux complémentaires : le rôle de *points de veto* joué par la présidence de la République et

---

[13] Entretiens.

[14] Entretien.

[15] Jacques Chirac. Propos tenus lors d'une émission spéciale de TV5 à l'occasion du VIe sommet de la Francophonie à Cotonou le 3 décembre 1995.

l'existence d'un système de rapports de forces équilibrés entre les différentes administrations chargées de la coopération au développement.

La notion de *points de veto* a été développée par Ellen M. Immergut[16] pour décrire la capacité de certains acteurs à bloquer le processus décisionnel, en fonction de leur position institutionnelle et des règles du jeu politique. Dans les deux tentatives de réforme décrites ci-dessus, les relations directes entre certains chefs d'Etat africains et la présidence de la République française ont permis à ceux-ci d'agir dans le processus décisionnel. Par exemple en 1981, « la promesse de "décoloniser" les relations franco-africaines n'a pas fait plaisir à beaucoup de leaders africains, qui *demandaient* l'intervention de la France en Afrique »[17]. La volonté de ne pas briser les *relations de famille* semble avoir conduit, dans les deux cas, la présidence de la République, véritable tour de contrôle de la politique africaine, à renoncer à la réforme. Ainsi, plus que tel ou tel acteur, c'est véritablement les exigences propres de cette relation de clientélisme croisée qui a conduit l'Elysée à refuser son aval à toute réforme, qui aurait pu constituer un signal de défiance ou de transformation du lien. Pour Rolland Marchal, « le ton a été très vite donné : la réforme [de 1995] n'aurait été possible qu'avec l'assentiment des interlocuteurs africains du président [français] – c'est-à-dire jamais »[18].

Certains acteurs attribuent également l'échec de la réforme de 1995 à l'opposition du ministère des Finances à voir disparaître le ministère de la Coopération[19] :

---

[16] *The rules of the game : the logic of health policy-making in France, Switzerland, and Sweden*, 1992.

[17] Chafer, 1992, *op. cit.*, p. 41.

[18] 1998, *op. cit.*, p. 359.

[19] L'opposition de la direction du Trésor à la réforme de 1995 est signalée par les quotidiens *Les Echos* (« Aide française au développement : réforme avortée », 9 janvier 1996) et *Le Monde* (« La réforme de la coopération se traduit par la création d'un comité interministériel », 8 février 1996).

« En 1995, le ministère des Finances ne paraissait pas être entièrement convaincu pour franchir le pas de la fusion entre la coopération et la diplomatie »[20].

Mais une description trop hégémonique du rôle du ministère des Finances ne nous semble pas exacte sur le long terme. Nous préférons décrire au sein du dispositif formé par les trois principales organisations chargées de la coopération[21] des mécanismes de *freins et contrepoids* (*checks and balances)* qui ont conduit à un équilibre dynamique entre les différentes organisations, depuis la création de la politique de coopération. Les acteurs de la période récente que nous avons pu interroger nous ont décrit un fonctionnement marqué par des alliances temporaires de deux acteurs contre le troisième en fonction des sujets en cause à l'échelle interministérielle :

> « Depuis la création du ministère de la Coopération, il y avait quatre intervenants (le ministère des Affaires étrangères, le ministère des Finances, le ministère de la Coopération et la "Caisse"). L'équilibre des forces a été variable dans le temps, mais personne ne peut dire qu'il n'y avait pas quatre intervenants de premier plan. [...] Toutes les tentatives de réformes se sont heurtées au fait que c'était une réforme voulue par l'un, éventuellement partagée par l'autre, mais qui voyait l'opposition de l'un ou des deux autres »[22].

Ce mécanisme est également décrit par André Lewin au sujet de l'examen des conclusions du rapport Gorse, au début des années soixante-dix : « Chacune des conclusions fut chaleureusement approuvée par trois des quatre ministres directement intéressés, mais refusée par le quatrième. [...] Il se fit un "consensus" pour conclure que les analyses étaient remarquables mais les conclusions parfois décevantes. [...] Ce rapport ne fut finalement pas diffusé »[23].

---

[20] Entretien.

[21] Ministère des Affaires étrangères, ministère des Finances et ministère de la Coopération.

[22] Entretien. Pour nous, le rôle de la CCCE/CFD dans le processus de décision politique apparaît largement indirect, par l'intermédiaire du ministère des Finances.

[23] *Op. cit.*, p. 61.

De même, lors de la réforme de 1995, une véritable alliance entre la direction du Trésor et le ministre de la Coopération s'est mise en place contre la réforme, qui était portée par le ministère des Affaires étrangères. Elle a permis de contrebalancer, auprès du président de la République, l'influence de ce dernier et l'intérêt personnel porté par le premier ministre Alain Juppé à cette réforme[24]. Sur les questions plus politiques, des alliances circonstancielles entre Affaires étrangères et Coopération ont pu exister, contre le ministère des Finances, détenteur des cordons de la bourse.

Ce mécanisme a placé le ministère de la Coopération dans une position pivot pendant de longues années : tout en étant ses rivaux, le ministère de la Coopération avait au sein de la direction du Trésor et du ministère des Affaires étrangères des alliés de circonstances. Cette position était sans doute permise par le caractère hybride de son action. En effet, son référentiel et ses instruments étaient essentiellement orientés vers l'économie. Mais son action tenait souvent compte des impératifs politiques des relations avec le pays partenaire. En 1997, il semble avoir perdu cette position pivot : une alliance temporaire entre ministères des Finances et des Affaires étrangères a contribué à sa disparition dans la réforme étudiée dans le présent ouvrage, comme nous le développerons dans le chapitre 3.

---

[24] Entretien.

- *II* -

Le poids des changements du contexte

Nous avons développé, dans le premier chapitre, la mise en place et l'extension de la politique française de coopération au développement. Elle est caractérisée par le partage des compétences entre plusieurs ministères et le traitement particulier réservé à l'Afrique. Mais le contexte de cette politique a connu, en particulier à partir du début des années quatre-vingt-dix, des changements très importants. Ceux-ci constituent autant de facteurs ayant contribué à rendre une réforme du dispositif de coopération au développement inéluctable, en créant la pression adaptative nécessaire.

Nous décrirons ces changements dans ce second point, en débutant par les conséquences de la fin de la guerre froide et la crise des économies africaines de ces vingt dernières années. Dans un second temps, nous montrerons que, dans ce contexte, des interrogations grandissantes sur l'efficacité de l'aide et finalement sur son opportunité ont progressivement vu le jour. Nous développerons, enfin, les débats qui se sont multipliés autour de la coopération, en général, et la coopération au développement, en particulier, à la recherche de nouvelles justifications.

LE CHANGEMENT DE CONTEXTE INTERNATIONAL

La coopération avait été mise en place durant les trente Glorieuses dans un système de relations internationales marqué par le conflit Est-Ouest. Les années quatre-vingt et le début des années quatre-vingt-dix ont connu un changement radical de ce contexte, marqué par la mondialisation de l'économie et la mise en place d'un *nouvel ordre international*.

La chute du mur : des pratiques qui deviennent injustifiables

> *« L'espace laissé à la France [à l'échelle internationale] pour mener cette politique [africaine] a disparu avec la fin de la guerre froide »*[25].

La politique africaine de la France, et l'aide qu'elle a pu apporter dans ce contexte, n'a pas été, comme nous l'avons vu, prioritairement mise en place pour contribuer à l'affrontement Est-Ouest. Elle visait plutôt à empêcher les deux Grands de prendre pied dans sa zone d'influence pour conserver, ainsi, son statut de puissance moyenne[26]. Certains pays du « pré carré » étaient d'ailleurs ouvertement socialistes ou faisaient partie des non-alignés. Pour François Goutebrune, la France a « bâti entre l'URSS et les Etats-Unis une politique croissante de tierce puissance en Afrique subsaharienne tandis que les autres colonisateurs s'étaient tous retirés plus ou moins de bon gré »[27]. La guerre froide a également joué un rôle dans la légitimation de cette politique. En effet, elle a offert aux pratiques des *réseaux* et à la *raison d'Etat* une justification. Il ne s'agit pas là d'une spécificité française : l'ingérence occidentale dans les pays du *Tiers-monde* a été très importante durant la Guerre froide sans que les opinions publiques y trouvent généralement à redire[28].

La réconciliation progressive Est-Ouest, et son épilogue spectaculaire qu'a constitué la chute du mur de Berlin, a pourtant ouvert une nouvelle ère des relations internationales[29] caractérisée par l'hégémonie américaine et la multiplication des puissances indépendantes de second rang. Ces relations internationales d'après guerre froide sont également marquées par une exigence de démocratisation, perceptible dès la fin des années quatre-vingt. Elle est

---

[25] Tony Chafer, 2001, p. 172.

[26] Gordon Cumming, *French development assistance to Africa : Toward a new agenda ?*, 1995, p. 384 ; Roland Marchal, *La France en quête d'une politique africaine ?*, 1995, p. 904.

[27] *Op. cit*, p. 1039.

[28] A l'exception notable de l'engagement militaire américain au Vietnam.

[29] Emmanuel Glaser, *Le nouvel ordre international*, 1998.

en particulier portée par les Nord-Américains, notamment en Afrique[30]. Cette exigence conduit à des critiques ouvertes au niveau international sur le manque de transparence de la politique africaine de la France[31] et de son soutien à des régimes corrompus.

Sur le continent, la fin de la guerre froide coïncide également avec une réactivation des luttes d'influence entre puissances occidentales. Un responsable américain déclarait ainsi en 1996 : « Le temps est révolu où l'Afrique pouvait être découpée en zones d'influence, où les puissances extérieures considéraient des groupes de pays comme leur domaine réservé »[32]. Pour la France, cette concurrence accrue fait ressurgir une « énième version du syndrome de Fachoda », nom donné au complexe d'infériorité français vis-à-vis des Anglosaxons (ici, les Etats-Unis) dans la lutte pour l'influence en Afrique[33].

Ce nouvel ordre international appelle également à des évolutions des politiques d'aide au développement à l'échelle du globe, jusque-là principalement guidées par les exigences géopolitiques de l'*endiguement*[34]. La première des évolutions sera une baisse rapide du volume global d'aide publique au développement mobilisé par les pays développés en direction du Sud.

La chute du mur n'a pas réduit le niveau des ambitions de *grandeur* de la France en Afrique. Mais elle a eu pour effet principal de réduire les marges de manœuvre de Paris[35] et a fini d'estomper la légitimité de l'appel à la *raison d'Etat* pour justifier ses pratiques sur le continent.

---

[30]Goutebrune, *op. cit.*, p. 1040.

[31] Marchal, 1998, *op. cit.*, p. 356.

[32] Propos tenus par Warren Christopher, ancien secrétaire d'Etat américain. Cité par Philippe Marchesin, *La politique africaine de la France en transition*, 1998, p. 96.

[33] Roland Marchal, 1995, *op. cit.*, p. 905. Le nom du « syndrome de Fachoda » est tiré d'un épisode de la conquête coloniale durant lequel une mission militaire, conduite par Capitaine Marchand, fut chargée d'assurer la domination française sur cette région du haut Nil. Elle fut contrainte de battre en retraite face à des forces britanniques très supérieures, au terme de quelques semaines de forte tension entre les deux pays (Jacques Thobie, Gilbert Meynier, *Histoire de la France coloniale : II, l'apogée*, 1996, p. 159-64).

[34] Keith Griffin, *Foreign aid after the cold war*, 1991, p. 645-685.

[35] Chafer, 1992, *op. cit.*, p. 48.

Elle a contribué à la mise au jour de la véritable nature des relations franco-africaines à travers des publications de plus en plus nombreuses. Ce dévoilement médiatique a contribué à renforcer le mécanisme de perte de légitimité de cette politique, lui-même à l'origine de la multiplication des enquêtes sur le sujet. La visibilité de la politique africaine de la France a ainsi été plus grande pour l'opinion domestique, mais aussi à l'échelle internationale[36]. Le système des *réseaux* impulsé et coordonné au cœur de l'Etat, qui semblait si surprenant aux observateurs étrangers en temps de guerre froide[37], est ainsi devenu à la fois illégitime et injustifiable.

En 1990, le président Mitterrand ouvre la voie, dans un discours prononcé au Sommet franco-africain de La Baule, à une plus grande vigilance de la France vis-à-vis des progrès démocratiques dans les pays partenaires. Même si cette annonce a très vite été rattrapée par la *Realpolitik*, elle a tout de même constitué un tournant dans l'attitude officielle de la France. Cette nouvelle orientation a parfois été suivie d'effet en étant invoquée dans certains cas pour refuser une intervention militaire pour soutenir d'anciens dictateurs, comme au Mali en 1991, ou à la suspension de l'aide dans des pays où ont eu lieu des coups d'Etat[38]. Mais, au contraire par exemple de certains pays du nord de l'Europe, l'attitude de la France par rapport à la démocratisation est restée marquée par un assez grand « relativisme », dont l'attitude du président Chirac depuis 1995 constitue un bon exemple[39].

La crise économique en Afrique

L'ouverture croissante des frontières et la globalisation des échanges ont connu une accélération au cours des années soixante-dix - quatre-vingt. L'Afrique en a subi directement les conséquences. Son économie est en effet une des plus extraverties du monde, du fait des séquelles de l'exploitation coloniale et du mode de développement

---

[36] Chafer, 2002, *op. cit.*, p. 359.

[37] Medard, *op. cit.*, p. 28.

[38] Cumming, 1996, *op. cit.*, p. 454.

[39] Voir notamment Bourmaud (*op. cit.*, p. 345 *sqq.*) et Chafer, 2005, *op. cit.*

économique prôné par les organismes de développement depuis les indépendances[40]. En plus de la dégradation des termes de l'échange, cause de l'augmentation des inégalités entre Nord et Sud, les exportations africaines ont été davantage mises en concurrence avec des productions d'autres pays en développement ou même de pays développés. Reposant principalement sur l'exploitation de matières premières, la croissance économique a considérablement ralenti. Comme d'autres zones du monde, l'Afrique a, en outre, été touchée par la crise de la dette, conséquence du financement à crédit de projets de développement incertains et de l'évolution défavorable des marchés des capitaux dans les années quatre-vingt. Cette crise financière a été prise en charge par les institutions financières internationales qui ont administré un remède de cheval, inspiré des théories économiques libérales : l'ajustement structurel. Loin de résoudre les crises économiques et financières, ces politiques d'ajustement ont précipité de nombreux pays africains dans une crise sociale en les privant des moyens de mettre en œuvre les quelques politiques sociales qu'ils avaient pu conduire jusque-là.

Dans les pays du « champ », cette crise a été durement ressentie. Mais l'existence du franc CFA et le soutien de Paris aux finances publiques africaines l'ont relativement atténuée. La France a pesé également de tout son poids pour limiter les exigences de la Banque mondiale et du FMI dans sa zone d'influence. Toutefois, cette action fut menée au prix d'une augmentation très importante du coût des appuis budgétaires et du refinancement des comptes d'opération de la Zone franc. De plus, elle n'a pas incité les gouvernements des pays partenaires à assainir leur gestion publique.

Au début des années quatre-vingt-dix, le processus européen d'unification économique et monétaire prévu par le traité de Maastricht

[40] Bien plus ouverte au commerce mondial que celle des pays développés : la part du commerce extérieur africain vers d'autres régions du monde représentait 45 % en 1990, contre seulement 12,8 % pour l'Europe et 15,2 % pour l'Asie (Stephen Smith, *Négrologie : pourquoi l'Afrique meurt*, 2004).

a restreint les marges de manœuvre budgétaires. Le fardeau de cette aide a alors commencé à sembler bien lourd pour les finances publiques françaises, d'autant que rien ne venait en freiner la croissance. Parallèlement, l'importance de l'Afrique pour l'économie française s'est progressivement réduite. Au début des années 2002, même si le commerce extérieur avec l'Afrique représentait encore le quart de l'excédent commercial français, cela ne faisait qu'à peine 1 % du total du commerce extérieur[41]. Pourtant, la France est restée un acteur économique majeur en Afrique : elle dispose toujours d'une part de marché de 20 % sur l'Afrique et 30 % sur l'Afrique de l'Ouest et le Maghreb[42]. Ainsi, grâce à cette position privilégiée et au caractère excédentaire de l'ensemble du commerce extérieur français, l'utilisation de ressources publiques pour sécuriser, voire financer, les exportations vers l'Afrique a semblé moins nécessaire.

En 1994, le gouvernement de cohabitation d'Edouard Balladur a ainsi décidé d'une réforme majeure de l'aide économique française. Connue comme la « doctrine d'Abidjan »[43], cette nouvelle orientation prévoyait la subordination de l'aide hors projets[44] à la conclusion préalable d'un accord avec le FMI. Il s'agissait d'un alignement de la politique française sur les principes libéraux guidant les politiques des institutions internationales. « Les pays africains membres de la Zone franc ont ainsi perdu leur "droit de tirage automatique", leur permettant de couvrir leurs déficits par la France. Celle-ci est devenue un prêteur résiduel, qui se situe en second rang par rapport aux institutions de

---

[41] Philippe Hugon. *Permanences et ruptures de la politique économique de la France vis-à-vis de l'Afrique subsaharienne*, 2005, p. 43-4.

[42] *Ibidem.*

[43] Cette nouvelle orientation fut annoncée par une lettre aux présidents africains concernés, également publiée dans le journal *Le Monde* le 30 septembre 1993. Elle fut officialisée lors du sommet des ministres des Finances de la Zone franc à Abidjan en juillet 1994. Le terme « doctrine d'Abidjan » est inspiré de la « doctrine de Washington » des institutions de Bretton Woods, en référence à laquelle furent menées les politiques d'ajustement structurel.

[44] Cette aide, mise en œuvre essentiellement par le ministère des Finances, représentait à l'époque une part notable des financements français et a constitué un enjeu majeur pour la stabilité des comptes publics dans les pays bénéficiaires.

Bretton Woods »[45]. Lors d'un sommet extraordinaire des ministres des Finances de la Zone franc, les 10 et 11 janvier 1994, la France a également poussé à une dévaluation du franc CFA de la moitié de sa valeur. Ce changement de parité constituait un précédent depuis la mise en place de cette monnaie coloniale en 1948. Des contreparties très importantes furent toutefois accordées aux pays concernés pour tenter de limiter l'impact de cette mesure à court terme[46]. Cette dévaluation, justifiée sur le plan économique et soutenue par l'ensemble des services en charge de la coopération française, a constitué un séisme politique. Un tabou a été transgressé : la France ne soutiendra plus les amis du « pré carré » quel qu'en soit le prix.

L'ECHEC DE L'AIDE ?

« Le bilan du ministère de la Coopération, d'une certaine façon, n'est pas bon. Aucun des pays africains francophones n'a décollé véritablement. Quelques-uns de ceux sur lesquels on pouvait compter le plus sont en train de s'effondrer de façon sinistre »[47].

« La coopération française, en trente ans, a [...] facilité la création et le maintien d'infrastructures de base et d'appareils productifs non négligeables [...]. Elle a largement contribué à assurer le fonctionnement des services publics essentiels et des appareils d'Etat de nombreux pays qui, sans elle, se seraient très probablement désintégrés dans la violence. Elle n'a pas en revanche permis pour autant l'émergence d'un modèle de développement africain spécifique et efficace »[48]. Cette citation est extraite d'un rapport commandé par Edwige Avice, alors ministre de la Coopération et du Développement. Elle montre que le bilan des actions de coopération au développement entre les années soixante et le début des années quatre-vingt-dix est, y compris en interne, évalué d'une façon très nuancée. Jean-David

45 Hugon, *op. cit.*, p. 51.
46 Gordon Cumming, 1994, *op. cit.*, p. 389.
47 Entretien.
48 Michailof Serges. *Faut-il brûler la coopération française ?* 1993, p. 64.

Naudet[49] fait une revue assez complète des travaux sur l'efficacité de l'aide. Pour lui, l'impact de l'aide est techniquement très difficile à mettre en évidence et les analyses économétriques sur ce point sont très fragiles. Il conclut que l'impact de l'aide reste incertain : pour lui, « l'aide constitue un acte de foi ».

Face à cette difficulté des experts du développement à prouver l'utilité de l'aide et au desserrement de ses justifications géopolitiques, les critiques de l'aide se sont multipliées. Les économistes libéraux ont argué de l'inutilité de l'aide et de la nécessité de redonner au marché toute sa place (« *Trade and not aid* »)[50]. Les tenants du *public choice* s'en sont pris aux agents de la politique de coopération, profiteurs du dispositif d'aide au développement par leurs salaires élevés et leur manque de résultats.

En France, les critiques se sont également multipliées pour remettre à la fois en cause la *coopération* et l'aide publique au développement. Entre la fin des années quatre-vingt et le milieu des années quatre-vingt-dix, de nombreux essais ont été publiés, pour instruire cette critique[51]. Notons qu'il s'agit dans l'ensemble de critiques venant d'acteurs sensibles à la solidarité internationale et généralement favorables, dans son principe, à l'aide au développement. Les jugements négatifs portent essentiellement sur les modes d'action, en plaidant pour une rupture avec la complaisance dictée par la géopolitique, pour se concentrer sur des modalités plus efficaces. Les

---

[49] Jean-David Naudet, *Trouver des problèmes aux solutions : vingt ans d'aide au Sahel*, 1999.

[50] Voir par exemple Pascal Salin. *L'illusion de l'aide au développement*, 2004.

[51] Citons : Jean-Jacques Adda, Marie-Claude Smouts, *La France face au Sud, le miroir brisé,* 1989 ; Anne-Sophie Boisgallais et François-Xavier Verchave, *L'aide publique au développement*, 1994 ; Sylvie Brunel, *Le gaspillage de l'aide publique au développement, 1997* ; Claude Freud, *Quelle coopération ? Un bilan de l'aide au développement*, 1988 ; Jean-Jacques Gabbas, *L'aide contre le développement : L'exemple du Sahel,* 1988 ; Serges Michailof, *La France et l'Afrique : vade-mecum pour un nouveau voyage*, 1993.

doutes sur l'efficacité de la coopération française se reflètent dans les entretiens que nous avons pu avoir avec ses acteurs :

> « Je suis très sceptique sur la qualité de la coopération qu'on a menée dans les pays du "champ". Même si c'était fait par de bons professionnels »[52].

Face aux bouleversements géopolitiques et à la crise de la dette, le système d'aide au niveau international modifie en profondeur ses pratiques et ses références. C'est également le cas pour le ministère de la Coopération :

> « Il y a vingt ans on faisait les projets de coopération bilatérale dans une logique de moyens. [...] On a complètement changé les paradigmes sur lesquels on travaille depuis quelques années, pour travailler sur les résultats au lieu de dépenser des cases de CEP »[53].

Ainsi en quelques années, sous l'effet d'une certaine concurrence à l'échelle internationale, les institutions, les modes d'action, les métiers et les corps professionnels du développement se sont transformés[54]. Les nouvelles modalités de l'aide, faisant plus appel aux compétences locales et à une expertise de courte durée, ont conduit à une réduction importante des effectifs permanents des différents organismes de coopération. Cette évolution s'est faite sous le règne hégémonique de la Banque mondiale, capable de dicter les politiques à mener dans les pays où elle intervient, y compris dans le « pré carré » français. Celle-ci a ainsi progressivement pris une place essentielle pour définir les principes applicables aux actions de développement, même la plupart

---

[52] Entretien (coopération).

[53] Entretien (coopération). Les « cases de CEP (pour *cadre d'exécution prévisionnel*) » sont les rubriques budgétaires des projets financés par le Fonds d'aide et de coopération.

[54] André Guichaoua, *L'évolution du « Marché du développement » et la restructuration des organismes de coopération*, 1997, p. 499.

des « tendances » et des « modes » lancées par cette institution, comme la « lutte contre pauvreté », peuvent être accueillies avec scepticisme[55].

Le dispositif français a également été touché par ces évolutions. Il a activement participé à la production de concept et à la promotion de ses propres méthodes, enjeu central de l'influence sur les politiques menées par les institutions internationales :

> « Aujourd'hui pour exister, il faut être capable de mettre des papiers sur la table des grands »[56].

L'adaptation des modes d'action s'est également traduite par la réduction de la coopération de *substitution*, consistant à faire exécuter par un expatrié français, financé par l'aide, des tâches qui pourraient être assurées par des compétences locales existantes. Cette évolution a nécessité à la fois la réduction importante du nombre d'assistants techniques (les « coopérants ») et la transformation de leurs métiers. Pour le ministère des Affaires étrangères, la transition s'est faite de façon spectaculaire dans les années quatre-vingt passant de 12 000 à 700 expatriés en quelques années.

Au ministère de la Coopération, l'adaptation a été plus difficile : cet instrument typiquement français hérité de la transition post-coloniale bénéficiait d'une forte demande dans les pays partenaires, qui en finançaient une partie des coûts. Mais les difficultés des pays africains pour assumer cette contrepartie et la mise en place de nouveaux régimes politiques moins favorables à la substitution dans plusieurs pays ont conduit à une déflation progressive : de plus de 10 000 au début des années quatre-vingt, le nombre de coopérants chute à environ 7 500 en 1990, moins de 4 500 en 1993 et moins de 3 000 à la veille de la réforme de 1998 (voir graphique 2). Ce changement a eu des

[55] Roger C. Riddell, *The end of foreign aid to Africa ? Concern about donor policies*, 1999.

[56] Entretien.

conséquences difficiles pour le reclassement des coopérants qui le plus souvent ne sont pas titulaires de la fonction publique[57].

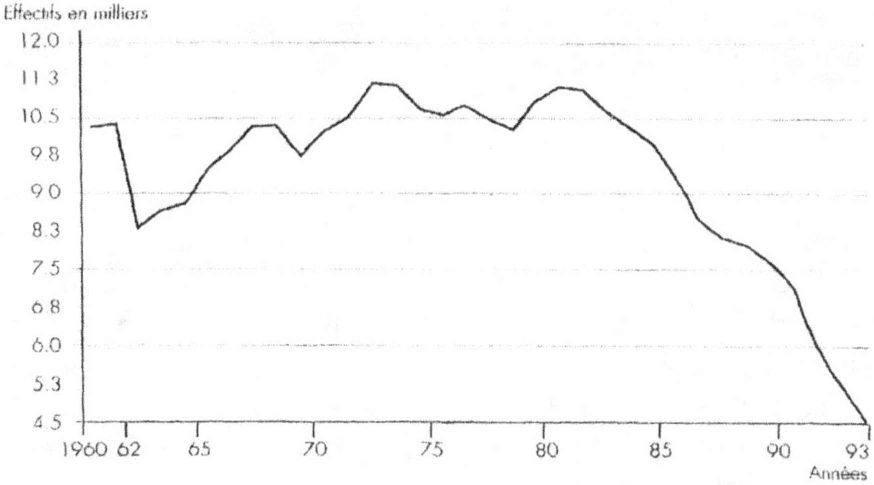

Graphique 2 : Evolution des effectifs d'assistance technique 1960-1993[58]

Dans le domaine du développement économique, le partage des compétences entre la CCCE et le ministère de la Coopération est devenu de plus en plus flou. En effet, en 1990, lors du sommet de La Baule, le président Mitterrand a annoncé une initiative unilatérale d'allègement de la dette des pays les moins avancés du « champ », qui s'accompagnait d'un moratoire, jamais levé depuis, sur des nouveaux prêts à l'Etat dans ces pays. La Caisse a ainsi été privée d'une part importante de son activité. Pour compenser, elle a été autorisée à financer certaines de ses actions sur don dans les pays concernés. Ce tournant dans l'activité de la Caisse a nécessité en 1993 une clarification de ses nouvelles compétences par rapport au rôle du ministère de la Coopération : les réalisations physiques et les

[57] Voir par exemple l'article du journal *Le Monde* consacré au suicide d'un ancien coopérant, ayant relevé successivement du ministère de la Coopération puis de celui des Affaires étrangères, et n'ayant pu retrouver un emploi à son retour en France (« Mort d'un coopérant », 28 août 1992).
[58] Source : Ministère de la coopération, 1993, p. 120.

investissements lourds sont confiés à l'AFD, alors que les appuis institutionnels, la formation ou l'expérimentation relèvent encore du ministère de la Coopération. « Le principal emportant l'accessoire », cette clarification n'aboutit pourtant pas à une suppression des redondances sur le terrain[59].

UNE POLITIQUE EN QUETE DE JUSTIFICATIONS

Ainsi, les évolutions de la politique d'aide au développement sont relativement substantielles, au cours de la décennie qui a précédé la réforme de 1998. Sur un plan plus politique, l'introduction de conditionnalités, en matière de démocratisation ou de politique économique, préalablement à l'octroi de l'aide, pourrait être le signe d'un changement de nature de la relation franco-africaine. Mais l'application de ces principes est inégale selon les pays, et les relations franco-africaines restent, dans la première moitié des années quatre-vingt-dix, marquées par la continuité.

Le délitement de la politique africaine

> *« La perpétuation d'un style diplomatique outrancièrement personnalisé – qu'ont symbolisé la nomination et le maintien de Jean-Christophe Mitterrand comme conseiller du président de la République pour les affaires africaines – est un signe parmi d'autres de cette sclérose de la politique française, incapable de répondre au renouvellement démographique d'un continent dont plus de la moitié des habitants ont moins de vingt ans »*[60].

Durant le second mandat de François Mitterrand, la politique africaine apparaît comme la caricature d'elle-même. Le caractère personnel, voire patrimonial, des relations avec le « pré carré » est porté à son paroxysme avec la nomination de Jean-Christophe Mitterrand à la cellule africaine de l'Elysée. Mise en accusation de toutes parts[61], la

---

[59] Entretiens.
[60] Bayart, 1990, *op. cit.*, p. 49.
[61] Chafer, 1991, *op. cit.*, p. 43.

politique africaine est, pour la plupart des analyses[62], à la dérive. « Ce n'est pas la fin des *réseaux*, mais leur caricature au pouvoir »[63] : ces derniers se transforment et se privatisent. Ils n'ont plus grand-chose à voir avec les réseaux gaullistes, interconnectés au sommet de l'Etat et agissant à son service, au nom de la *raison d'Etat*. On assiste en effet à la multiplication de réseaux concurrents opérant de plus en plus largement comme des acteurs privés et des groupes d'intérêts auprès de la puissance publique[64]. Mais, disposant de relais au cœur de l'appareil d'Etat, ces réseaux semblent encore plus actifs et plus influents que les lobbies opérant dans les autres secteurs. « Cette compétition croissante entre réseaux rivaux et la corruption qu'ils engendrent sont un élément de contexte essentiel à la compréhension de la manière dont le système a dégénéré et dont la crise a pu émerger dans les années quatre-vingt-dix »[65].

Mais ces anciennes habitudes ne sont plus légitimes et apparaissent inadaptées, face au changement du contexte. Elles ne persistent que par l'absence d'alternative. Pour Jean-François Bayart, cette incapacité à renouveler la politique africaine vient du fait qu'il ne s'agit plus d'une réelle priorité de l'Etat : « L'indifférence paresseuse et désabusée avec laquelle la France assiste au nivellement de sa présence au sud du Sahara doit évidemment beaucoup au basculement des priorités qu'elle s'est fixée, ne serait-ce, répétons-le, parce que les déterminants de sa politique africaine ont toujours été extra-africains ». La baisse constante des crédits d'APD durant les années quatre-vingt-dix va dans le sens de cet argument. La priorité affichée pour l'Afrique dans la politique étrangère semble ne plus être que de façade et manquer de contenu : la

---

[62] Voir notamment Bayart, 1995, *op. cit.* ; Chafer, *France and black Africa : a very special relationship*, 1996 ; Cumming, 1996, *op. cit.* ; Glaser et Smith, 2005, *op. cit.* ; Marchal, 1995, *op. cit.*

[63] Glaser et Smith, 2005, *op. cit.*, p. 72.

[64] Chafer, 2001, *op. cit.*, p. 174 ; Glaser et Smith, 2005, *op. cit.*, notamment p. 155-190.

[65] Chafer, 2005, *op. cit.*, p. 14.

France, dans le milieu des années quatre-vingt-dix est « en quête d'une politique africaine »[66].

L'aveuglement de la France dans la tragédie rwandaise[67] est l'exemple le plus frappant de cette politique en « roue libre », pour laquelle l'objectif d'arrimage à la France des pays africains pouvait encore presque tout excuser. Elle sonnera également comme une cruelle prise de conscience pour les nouvelles générations de responsables politiques et administratifs. Pour Jean-François Bayart, en 1995, « la rationalisation de notre appareil de prise de décision, dans le respect des institutions, est devenue urgente car la crédibilité, non seulement de notre politique africaine, mais de l'ensemble de notre diplomatie est en cause »[68].

La « coopération » en débat

> *« Certains pays de notre empire colonial ont connu un échec politique et économique très fort qui les a amenés dans une situation de blocage et, au fond, d'incapacité à recevoir et à utiliser intelligemment de l'aide. Pire que ça, de déception en déception, de difficulté en difficulté, ça a créé un désamour profond en France »[69].*

A partir de la fin des années quatre-vingt, la politique africaine et la coopération ont fait l'objet d'un débat qui s'ouvre à la société civile et auquel participa la presse[70]. Ce débat a notamment été alimenté par le dévoilement progressif des pratiques de la politique africaine dont les plus emblématiques furent l'affaire Carrefour du développement[71],

---

[66] Marchal,1995, *op. cit.*

[67] Voir par exemple Glaser et Smith, 2005, *op. cit.*, p. 141 *sqq.* et Verschave, *op. cit.*, p. 76 *sqq.*

[68] 1995, *op. cit.*, p. 46.

[69] Entretien.

[70] Chafer, 1991, *op. cit.*, p. 43.

[71] Cette affaire concerne un détournement de fonds opéré sous couvert de l'association Carrefour du développement et organisé au sein du cabinet de Christian Nucci, ministre de la Coopération entre 1982 et 1986. L'affaire s'est poursuivie par l'affaire du « vrai-faux » passeport fourni à Yves Chalier, ancien chef de cabinet de Ch. Nucci, par un policier proche de Charles Pasqua en 1986 (voir par exemple Glaser et Smith, 2005, *op. cit.*, p. 159 *sqq.*).

l'affaire Elf[72] et la crise rwandaise. L'Assemblée nationale, jusque-là écartée de ces questions relevant du *domaine réservé* de l'exécutif et du chef de l'Etat, s'est associée à ces réflexions et deux propositions de loi furent déposées en 1990 et 1993 par le Groupe socialiste à l'Assemblée, sans que le gouvernement n'y donne suite.

Ce débat a traduit les exigences de transparence et d'implication de la « société civile » dans l'aide au développement. Selon un rapport du Conseil économique et social : « L'Etat français [devait] faire de plus en plus appel aux différentes composantes de la société civile »[73], c'est-à-dire aux associations, aux entreprises et aux collectivités locales. C'était également une des propositions du rapport Hessel de 1990. Ce débat a, en outre, montré la progression d'un mode *sécuritaire* de justification de l'aide au développement à côté des justifications traditionnelles de nature géopolitique ou compassionnelle. « L'affirmation d'une solidarité défensive vis-à-vis des nuisances potentielles des pays sous-développés (migrations, guerres, poussée démographique et faim, destruction de l'environnement, pandémies) »[74] a progressé. Cette logique sécuritaire a conduit à une liaison de plus en plus grande entre coopération et gestion de l'immigration. Ces thèmes ont été mis au premier plan par les documents programmatiques du Rassemblement pour la République (RPR) et de l'Union pour la démocratie française (UDF) préparatoires aux élections de 1993[75]. Jean-François Bayart[76] a également évoqué ce type d'arguments pour mettre en garde contre toute tentation de retrait de l'Afrique.

---

[72] « L'affaire Elf » regroupe un ensemble de scandales dévoilés au cours des années quatre-vingt-dix, concernant l'ancienne compagnie pétrolière publique et notamment les circuits de recyclage de commissions occultes issues des activités africaines de la firme (*ibidem*, p. 163 *sqq.*).

[73] Jacqueline Gastinne, *La coopération française en direction de l'Afrique, ses différentes formes, recherches de complémentarités*, 1991.

[74] Guichaoua, *op. cit.*, p. 504.

[75] Rassemblement pour la République. *Projet de coopération pour la France*, mars 1993 ; Union pour la démocratie française, *Pour une nouvelle politique d'aide au développement international*, février 1993.

[76] 1990b, *op. cit.*

Ce débat a également traduit la fin du relatif consensus sur la politique africaine, qui protégeait jusque-là la politique d'aide au développement de toute remise en cause. Daniel Bourmaud[77] décrit par exemple les atermoiements du début du premier mandat de Jacques Chirac comme une bataille entre *anciens* et *modernes*[78]. Le président appartenant à l'élite « *françafricaine* » depuis toujours a, en effet, nommé Jacques Foccart comme conseiller spécial, tout en percevant la nécessité d'une inflexion, sans doute sur les conseils d'Alain Juppé ou de Dominique de Villepin[79]. Mais de quels *modernes* s'agissait-il ? Le débat portait alors en effet moins sur l'opportunité de réviser la politique africaine que sur les nouvelles orientations à définir. Comme nous le verrons en détail dans le point suivant, deux voies peuvent être grossièrement tracées. La première correspondrait à une modernisation du lien historique franco-africain. Il s'agissait d'incorporer plus de démocratie et une plus grande rigueur dans la gestion, mais de conserver un lien qui restait utile et donnait à la France une certaine responsabilité. La seconde correspondait à une certaine libéralisation des relations avec l'Afrique, en favorisant l'investissement privé et en limitant l'aide à la promotion de l'intérêt de la France et à une aide résiduelle permettant de limiter les nuisances possibles du Sud vis-à-vis du Nord.

---

[77] *Op. cit.*, p. 431-442.

[78] *La politique africaine de Jacques Chirac : les anciens contre les modernes*, 1996.

[79] Verschave, *op. cit.*, p. 298 *sqq*.

- *III* -

Le consensus ambigu autour de la « réforme de la coopération »

Le registre de l'évidence est unanimement mobilisé par les acteurs que nous avons interrogés : une réforme semblait inévitable. Mais cet accord sur le fait qu'il faut réformer cache de profondes divergences sur les changements souhaitables. C'est ce consensus ambigu, voire contradictoire[80], que nous décrivons en conclusion de ce second chapitre. Notre but n'est pas de faire une cartographie précise des positions des différents acteurs mais de montrer, autour des paramètres clés de la réforme, ce qui fait consensus, mais aussi en quoi ce consensus est fragile et recèle des contradictions. Une première ambiguïté tient sans doute à l'objet même de la controverse : le terme coopération ne renvoie pas à la même réalité pour les différents promoteurs de la réforme.

Il nous semble toutefois possible de synthétiser les points de débat autour, premièrement, de la réorientation de la politique africaine, deuxièmement, de celle de l'aide publique au développement et, enfin, de l'évolution de l'organisation institutionnelle de la politique de coopération au développement, qui deviendra l'enjeu principal de la réforme.

---

[80] L'expression est empruntée à Bruno Palier (Bruno Palier et Guiliano Bonoli, *La montée en puissance des fonds de pension : une lecture comparative des réformes des systèmes de retraite en modèle global et cheminements nationaux*, 2000 ; Bruno Palier, *Gouverner la Sécurité sociale : les réformes du système français de protection sociale depuis 1945*, 2002).

Pour Tony Chafer[81], l'année 1994, marquée par la dévaluation du franc CFA et le génocide rwandais, a constitué un tournant dans les relations France-Afrique. L'ensemble des acteurs que nous avons interrogés semble s'accorder sur la nécessité d'une *normalisation* des relations franco-africaines :

> « Le souci [de la réforme était] de traiter les pays d'Afrique comme on traite l'ensemble du monde, ni plus, ni moins. C'est-à-dire le souci d'arrêter certaines méthodes un peu "néocolonialistes" qui reposent sur l'idée que l'Afrique devait faire l'objet d'un traitement à part avec cette rue Monsieur qui reçoit les chefs d'Etat africains ou les ministres africains, qui leur octroient des subsides pour payer leurs fonctionnaires. Le souci du premier ministre, c'était d'aboutir à un certain assainissement des pratiques dans ce domaine »[82].
>
> « [Il fallait] sortir l'Afrique subsaharienne du ghetto dans lequel elle se trouvait enfermée par une relation, héritée des années 1960-1970, plus paternaliste que partenariale[83] ».
>
> « Notre politique africaine doit s'inscrire pleinement dans notre politique étrangère[84] ».

Mais le contenu à donner à cette normalisation reste controversé : par quelle politique remplacer la *françafrique* ? Deux sensibilités peuvent être distinguées. L'une prône la transformation de la politique africaine pour rompre avec le clientélisme tout en conservant la priorité vers l'Afrique. L'autre propose la réorientation de la politique étrangère vers d'autres régions du monde. Les avocats du maintien de la relation franco-africaine mettent en avant les intérêts économiques et

---

[81] *Franco-African relations : no longer so exceptional ?*, 2002, p. 349.

[82] Entretien.

[83] Pierre Jacquemot, directeur du développement et de la coopération technique, ministère des Affaires étrangères, s'exprimant dans la table ronde sur la politique française de coopération au développement, *Esprit*, n° 264, juin 2000, p. 158.

[84] « Quelle politique de la France en Afrique ? », *Fanzine* 4317, n° 6, publié sur le site www.4317.org par des cadres du ministère des Affaires étrangères.

géopolitiques qui restent significatifs[85]. Ils soulignent également la responsabilité qui échoit à la France après une si longue histoire commune, qui peut limiter sa capacité de choisir l'option d'un désengagement diplomatique en Afrique[86].

Mais, pour Tony Chafer, un doute traverse les élites politiques sur la rentabilité de la politique africaine et l'opportunité du maintien d'un tel lien[87]. Il semble, tout d'abord, exister une forte répulsion pour cette politique africaine honteuse, porteuse de trop de compromissions. Le drame rwandais a sans doute joué un rôle de révélateur puissant en ce sens. De plus, pour les tenants de cet *afropessimisme*, la France n'a plus les moyens de sa politique africaine, comme l'a montré la dévaluation, d'abord due à des contraintes budgétaires[88]. L'Afrique est en effet mise en balance avec l'attrait dont disposent de nouvelles géographies : le Maghreb, où la réconciliation est engagée, l'Indochine, dont la situation se normalise après la chute du mur de Berlin, le Liban, la Palestine et l'ensemble du Proche- et Moyen-Orient, pour lesquels les enjeux géopolitiques et économiques sont particulièrement forts.

Ce clivage ne nous semble pas traverser le champ étudié d'une façon nette. Cet *afropessimisme* apparaît assez massivement partagé par les acteurs issus du ministère des Finances, soucieux de développer le rayonnement économique de la France vers les pays émergents, ainsi que par ceux de la diplomatie et en particulier de la diplomatie culturelle[89] :

> « La volonté politique du ministère des Affaires étrangères était de réorienter vers d'autres pays que le pré carré africain francophone les moyens de la coopération internationale. Il y

---

[85] Philippe Marchesin (1998, *op. cit.*, p. 100). Il est toutefois à noter que la part de marché de la France en Afrique subsaharienne a chuté de près de la moitié depuis le milieu des années quatre-vingt (Glaser et Smith, 2005, *op. cit.*, p. 267).

[86] Jean-François Bayart, 1990b, *op. cit.*, p. 53.

[87] Chafer cite par exemple Michel Rocard. Il est à noter qu'une partie des membres des cabinets ministériels concernés par la réforme de 1998 sont rocardiens (entretien).

[88] Philippe Marchesin, *La politique africaine de la France en transition*, 1998, p. 98.

[89] Entretiens.

avait une hiérarchie dans tout ça, avec toujours une très forte priorité sur le Maghreb : premièrement les grands émergents (le Brésil, l'Inde, la Chine), deuxièmement, l'autre Afrique, celle de l'Afrique des pays anglophones »[90].

De l'autre côté, il semble clair que la présidence de la République est favorable au maintien de liens privilégiés. On retrouve cet attachement au sein du ministère de la Coopération, du fait de l'engagement professionnel de ses agents en Afrique francophone.

Sur la scène partisane, ce clivage ne répond pas à une logique gauche-droite, mais sans doute plutôt à une différence générationnelle. De « nouveaux » responsables comme Dominique de Villepin[91] semblent par exemple favorables à une redéfinition de la nature des liens existants[92]. Au contraire, Lionel Jospin et Hubert Védrine, son ministre des Affaires étrangères, semblent soucieux de rompre avec l'engagement de la France en Afrique et de réorienter radicalement la politique africaine en ce sens. L'attachement aux liens avec l'Afrique apparaît ainsi assez minoritaire chez les responsables politiques de la gauche plurielle de 1997.

SUR LES MODES DE COOPERATION

De la même façon que sur le plan de la politique africaine, pour la quasi-totalité des acteurs que nous avons rencontrés, la *coopération* doit rompre avec des relations considérées comme clientélistes et post-coloniales :

> « Il y avait longtemps qu'on sentait que la vision politique et clientéliste [de la coopération au] développement, mise en place après les indépendances et réservée à des pays amis, avait fait son temps »[93].

---

[90] Entretien (diplomatie).
[91] Secrétaire général de la présidence de la République entre 1995 et 2002.
[92] Sans l'avoir jamais exprimé officiellement (entretien).
[93] Entretien (coopération).

« L'idée que la coopération au développement était un sous-produit de la colonisation avait fait son temps »[94].

« On nous a donc reproché [sur la scène internationale] d'avoir une coopération politicienne, clanique, ne répondant pas à une programmation et surtout à des stratégies, sans évaluation ex-post. Une coopération en fait au profit de privilégiés et faite par des habitués du développement. Pas assez ouverte non plus sur la société civile, le secteur privé d'une part et les ONG d'autre part. On avait le sentiment qu'on n'en avait pas pour notre argent »[95].

Mais si la critique de ce qui s'est fait est unanime, même chez les agents du ministère de la Coopération, on voit réapparaître les incompatibilités entre les référentiels de politique publique dont les acteurs sont porteurs. Ces divergences se traduisent dans les opinions exprimées quant aux alternatives possibles.

D'un côté, à l'intersection du référentiel « rayonnement économique » et du référentiel « développementaliste », s'édifie une vision techniciste des politiques souhaitables d'aide publique au développement. Selon cette approche, la coopération au développement doit notamment être mise en œuvre conformément aux principes du nouveau management public. Elle nécessite la création de nouveaux outils. Cette vision est globalement partagée par les agents du ministère de la Coopération et de celui des Finances :

« La nouvelle approche ne peut qu'être contractuelle, reposer sur le partenariat : le développement en Afrique exige désormais des changements d'attitude et des réformes politiques et sociales que personne ne peut mettre en œuvre à la place des Africains »[96].

---

[94] Entretien (coopération).

[95] Entretien.

[96] Philippe Jurgensen, directeur de la Caisse française de développement, « Afrique subsaharienne : moins d'assistance, plus de coopération », dans *ENA mensuel*, n° 231, mai 1993.

> « On n'a pas su accompagner les processus post-ajustement parce qu'on avait des instruments de substitution et pas de renforcement des capacités économiques. On s'était éloigné des vrais problèmes »[97].

D'un autre côté, le référentiel de « l'influence » inspire aux acteurs du ministère des Affaires étrangères une volonté plus claire de réorientation de la coopération dans son champ traditionnel d'activité :

> « On ne peut pas tout faire partout. [...] Il faut faire des choix. Par exemple on finance 100, 200 ou 300 étudiants maliens pour faire leurs études supérieures en France et on laisse le développement des écoles primaires à je ne sais quelle institution internationale. Si on veut conserver notre influence, qu'on a déjà quasiment totalement perdue en Afrique (aujourd'hui les élites africaines vont se former aux Etats-Unis), [...] il faut quand même que les élites africaines continuent d'être formées en France. *Mais aller ouvrir des écoles primaires en lieu et place d'un certain nombre de gouvernements africains dont les dirigeants confisquent la moitié du PIB au profit de leur compte personnel, je ne suis pas convaincu »*[98].

Le niveau de l'aide au développement est également un point qui ne fait pas consensus. Le ministère des Finances a une position claire : « Nous étions très pessimistes sur l'aide au développement et souhaitions des économies »[99]. Du côté de la coopération, la confiance dans l'avenir demeure : « Il faut savoir prendre du recul et constater que l'Afrique a considérablement progressé depuis un demi-siècle. Le découragement des responsables de l'aide publique

---

[97] Entretien (coopération).

[98] Entretien (diplomatie).

[99] Entretien (économie-finances).

et de l'opinion publique des pays du Nord, s'il est compréhensible, doit être surmonté »[100].

Sur l'organisation de la cooperation

Comme nous l'avons vu, au milieu des années quatre-vingt-dix, la réorganisation du dispositif de coopération est en débat depuis plus de trente ans et a fait l'objet de plusieurs tentatives sérieuses de réforme. Si tous les acteurs semblent d'accord pour cette réorganisation, et notamment la fin du « pré carré », les objectifs et les modalités de la réorganisation sont plus discutés.

Ceux que nous avons nommés *afropessimistes* justifient cette évolution institutionnelle d'abord par la nécessité de faire disparaître le ministère symbolisant la relation particulière avec l'Afrique :

> « [Il fallait] casser un système ancien d'une coopération qui faisait son travail dans son coin »[101].

> « La nouvelle structure devait permettre d'éviter les éléphants blancs qu'on rencontrait en Afrique ou en Asie »[102].

Mais les acteurs des administrations de l'aide au développement divergent sur la réorganisation à mener. Certains penchent pour une séparation claire entre la dimension technique de la coopération et sa dimension « politique »[103], par exemple au sein d'une agence :

> « Il [fallait] déconnecter la politique africaine, revenant à la diplomatie, de la coopération au développement, devant être placée dans une perspective économique »[104].

---

[100] Jean Nemo, *Aide au développement et coopération française*, 1993, p. 9.
[101] Entretien (diplomatie).
[102] Entretien (diplomatie). Les « éléphants blancs » sont des investissements coûteux, mais qui ne sont pas utilisés ou rentabilisés.
[103] Ce terme est employé par les acteurs, notamment au sein de la diplomatie. Ce terme doit être pris, dans ce contexte, au sens des relations de pouvoir se rapportant aux relations internationales.
[104] Entretien (coopération).

« La coopération devait devenir un outil "politique". Il fallait donc en sortir tout de qui n'avait pas à être soumis aux [décideurs] politiques »[105].

« L'indépendance de l'AFD était gage de bonne gestion des projets »[106].

Cette position relève plutôt des agents de l'AFD ou du ministère des Finances. Au ministère de la Coopération, les avis sur cette question semblent plus partagés. Certains, comme beaucoup de diplomates, mais pour des raisons différentes, soulignent l'importance, dans la mise en œuvre de l'aide, des négociations et plus généralement des relations diplomatiques entre les deux partenaires :

« Au ministère de la Coopération, on pensait que pour être pris en compte il fallait être intégré au MAE »[107].

« La séparation rigoureuse entre [le ministère de la Coopération et celui des Affaires étrangères] était une mauvaise chose. J'ai toujours eu une conception politique de la coopération et non pas une conception technocratique. J'adhère totalement à l'aide au développement, mais à mon avis ce n'est pas suffisant »[108].

* *
*

Ainsi, ce *consensus ambigu* tient aux différences de représentation de ce que doit être la coopération, que l'on a décrites par les trois référentiels de politique publique développés au premier chapitre. Il conduit les acteurs à tirer des conclusions différentes sur

---

105 Entretien (diplomatie).

106 Entretien (économie-finances). A l'époque des négociations, l'AFD s'appelle encore CFD.

107 Entretien (coopération).

108 Entretien (coopération).

les évolutions du contexte de la coopération et l'orientation souhaitable de la réforme. On y retrouve également l'équilibre inter-institutionnel de *checks and balances* décrit au premier point : les trois organisations chargées de la coopération au développement ont parfois des vues comparables deux à deux, mais le consensus ne s'établit jamais entre elles trois sur les modalités de réforme possibles.

Pourtant, « toutes les conditions sont réunies pour que le projet [de réforme] aboutisse. Une fois n'est pas coutume, l'ensemble du gouvernement y est favorable. Tout comme l'Elysée. Jacques Foccart est mort »[109]. Dans le troisième chapitre, nous verrons comment ces divergences importantes entre les acteurs administratifs et politiques ont pu être partiellement surmontées pour déboucher sur le lancement de la réforme.

---

[109] « La réforme de l'aide française au développement met le ministère de la Coopération sur la sellette », *Les Echos*, 25 août 1997.

Chapitre 3

Un processus décisionnel sous contrainte

- I -

Introduction : analyser la décision

Ainsi, en 1996, comme nous l'avons vu au second chapitre, la réforme de la coopération engagée par le gouvernement d'Alain Juppé apparaît avoir accouché d'une souris et les vrais changements semblent avoir été remis à plus tard, tout du moins après la fin du premier mandat de Jacques Chirac[1]. La dissolution inattendue de l'Assemblée nationale conduit, en juin 1997, une nouvelle majorité au pouvoir. Elle est menée par Lionel Jospin, nommé premier ministre. La réforme de la coopération au développement fait partie des priorités de politique étrangère du nouveau gouvernement. Elle est annoncée dans son discours de politique générale[2]. Dès juin 1997, le cabinet du premier ministre engage ainsi la préparation de la réforme lors d'une réunion tenue sous la présidence de Lionel Jospin avec les ministres concernés. Deux objectifs sont fixés : renouveler la politique africaine et faire disparaître le ministère de la Coopération. Le processus de concertation

---

[1] « Je peux vous dire en tous les cas que pendant ce septennat cette structure [du dispositif de coopération] ne sera pas modifiée », Jacques Chirac, propos sur TV5 le 3 décembre 1995 (*op. cit.*).

[2] Discours de politique générale, 19 juin 1997, disponible sur le site www.archives.premier-ministre.gouv.fr : « J'en viens maintenant au troisième grand objectif de notre action internationale : la coopération pour le développement. Notre coopération a vocation à répondre au besoin de solidarité de l'ensemble du monde en développement ; elle s'appuiera aussi pour ce faire sur les mécanismes européens, notamment la Convention qui lie l'Union européenne aux pays d'Afrique, des Caraïbes et du Pacifique. Mais la France conservera une priorité marquée en faveur de l'Afrique, à laquelle nous unissent des liens anciens, profonds et confiants, tout en définissant avec les Etats concernés les conditions d'un nouveau partenariat. La France engagera l'indispensable réforme de son dispositif de coopération que cette nouvelle ambition appelle. Plus que jamais il est nécessaire que soient maintenus des niveaux substantiels d'aide au développement ».

interministérielle pour la préparation de la réforme sera mené en six mois. Une réunion finale d'arbitrage se tient dès le début du mois de janvier 1998 pour valider le contenu de la réforme. Ce troisième chapitre traite de cette phase de préparation de la décision. Il s'agit de mettre en lumière les éléments déterminants de cette négociation, et finalement, de la décision politique prise.

UNE FENETRE D'OPPORTUNITE POLITIQUE

« Les raisons historiques, géopolitiques ou de coordination des différentes institutions, se sont croisées à ce moment-là : la réforme devenait inévitable »[3].

Pour la première fois depuis les indépendances, le processus de réforme de la coopération a abouti à des décisions d'une certaine ampleur, qui n'ont pas été fondamentalement remises en cause depuis. Il nous semble utile d'avancer, en préambule à ce troisième chapitre, une première hypothèse sur les raisons de ce succès : l'ouverture d'une *fenêtre d'opportunité politique*, ayant permis cette réforme.

Ce concept de fenêtre d'opportunité politique a été développé pour décrire les processus de mise sur agenda des changements de politique publique. John W. Kingdon définit trois « courants » qui se rejoignent lors de la mise sur agenda[4] : le *courant des problèmes*, le *courant des solutions* et le *courant de la politique*[5]. Chacun de ces courants « possède un développement autonome selon une logique et un calendrier propre »[6]. Ainsi, les problèmes politiques surgissent lorsque « les gens sont convaincus que quelque chose peut être fait pour améliorer la situation »[7], par exemple à l'issue d'un processus de mobilisation, indépendamment de l'existence d'une solution. De même,

[3] Entretien.

[4] Sur ce modèle : Pauline Ravinet, « Fenêtre d'opportunité », dans Laurie Boussaguet, Sophie Jacquot et Pauline Ravinet, *Dictionnaire des politiques publiques*, 2004, p. 217-25, et Pierre Muller et Yves Surel, *L'analyse des politiques publiques*, 2000, p. 73-5. Le modèle de Kingdon est développé dans son ouvrage *Agenda, alternatives and public policies*, Boston, Little, Brown and co, 1984.

[5] Respectivement *problem stream, policy stream* et *political stream*.

[6] Ravinet, *op. cit.*, p. 219.

[7] Kingdon, 1984, p. 119, cité par Ravinet, *op. cit.*, p. 219.

les alternatives, qui sont « le fruit d'un jeu complexe unissant, de manière variable, acteurs publics et privés dans la recherche de programmes d'actions publiques »[8], peuvent exister sans qu'aucun problème ne soit identifié qui leur corresponde[9]. Le courant politique comprend les évolutions de l'opinion publique, de la politique électorale, des changements de sensibilité dans le gouvernement ou l'administration et l'action des groupes de pression. Les fenêtres d'opportunité s'ouvrent lorsque les courants se rejoignent. Mais il ne s'agit que d'opportunités d'action, qui nécessitent la mobilisation des acteurs, et en particulier des entrepreneurs politiques porteurs des alternatives : les fenêtres d'opportunité peuvent se refermer sans qu'un changement soit intervenu. Pour Kingdon, si les fenêtres d'opportunité sont rares, « les changements de politique publique majeurs résultent de l'apparition de ces opportunités »[10].

Le second chapitre nous a donné l'occasion de développer les éléments du *courant des problèmes* que pouvait poser la politique de coopération, principalement depuis le début des années quatre-vingt-dix. En outre, comme on l'a vu, les *solutions* étaient également disponibles, notamment grâce à la multitude de rapports ayant été élaborés en ce sens depuis le début des années soixante. La préparation minutieuse de la réforme de 1995, a, elle aussi, permis d'explorer en détail les solutions techniques, même si elle n'a finalement pas abouti. Les différentes options possibles étaient donc sur la table. L'ouverture de la fenêtre d'opportunité nous semble donc liée à la configuration politique créée par l'alternance de 1997.

La configuration politique de cohabitation, d'abord, a sans doute été favorable à la réalisation de la réforme. En ce qui concerne la politique étrangère, cette cohabitation entre Jacques Chirac et Lionel Jospin semble marquée par la volonté des deux parties d'éviter

[8] Muller et Surel, *op. cit.*, p. 74.

[9] L'existence de solutions « flottantes » au sein des organisations, à la recherche d'un problème auquel répondre, a été développée par Michael D. Cohen, James G. March et Johan P. Olsen, *A garbage can model of organizational choice*, 1972, p. 1-25.

[10] Kingdon, 1984, p. 175, cité par Ravinet, *op. cit.*, p. 220.

l'affrontement[11] : les questions internationales deviennent un « domaine partagé »[12]. Cela réduit considérablement le pouvoir de blocage de l'Elysée sur la réforme de la coopération qui relève de la prérogative du gouvernement. Ainsi, les liens personnels directs qui continuent d'exister entre le président de la République et ses homologues du « pré carré » sont-ils moins susceptibles de conduire à l'ajournement d'une réforme, comme ce put être le cas en 1981-1982 et 1995-1996. La cohabitation contribue à affaiblir l'Elysée, qui ne constitue plus un point de veto.

En outre, le nouvel exécutif mené par le Parti socialiste souhaite montrer une image plus moderne et faire jouer un « droit d'inventaire » sur les politiques menées durant les quatorze années de présidence de François Mitterrand. Après l'essoufflement de la politique africaine de ce dernier à la fin de son second septennat[13], l'inflexion de la politique africaine doit, pour la « gauche plurielle », être emblématique d'un changement de style. La réforme de la coopération au développement devient ainsi un enjeu politique.

Ce *courant politique*, couplé au *courant des problèmes* et au *courant des solutions*, conduit ainsi à l'ouverture de la *fenêtre d'opportunité* qui permettra à la réforme d'être lancée. Il est toutefois nécessaire de comprendre comment cette opportunité a été saisie par les acteurs pour aboutir à la décision de réforme, préalable à sa mise en œuvre : comment les freins aux précédentes tentatives ont-ils pu être levés et comment s'est effectuée la sélection entre les nombreuses solutions existantes ? C'est l'objet de ce troisième chapitre. Il convient, comme préalable à l'explicitation de ce processus, de développer les bases théoriques de notre approche de la décision.

---

[11] Samy Cohen, *La diplomatie française dans la cohabitation*, 2000, p. 52 *sqq*.

[12] Entretien.

[13] Marchesin, 1995, *op. cit.*

Pour la majorité des analystes des processus politiques, la décision n'existe pas. Les travaux sur la prise de décision sont aussi nombreux que sceptiques sur la possibilité de traiter de cette question dans le cadre de l'analyse des politiques publiques[14]. La première difficulté est d'isoler la décision, définie alors comme le moment de choix entre plusieurs alternatives. Le pilotage de l'action publique ressemble en effet souvent plus à une succession de choix de portée limitée qu'à ce que la vision « héroïque » du *décideur* entretient dans l'imaginaire collectif : « Une politique publique n'est pas le fruit de la volonté d'un acteur, qu'il soit individuel ou collectif, mais le produit de multiples interactions dont la combinaison forme la décision »[15]. Ce flux continu de décisions partielles et d'arrangements ponctuels au sein du système d'action considéré conduit à une analyse en termes de *processus décisionnel*[16].

La capacité de saisir le sens de la décision est également problématique du fait de la *rationalité limitée* des acteurs. Le processus décisionnel est en effet généralement caractérisé par des situations d'*hyperchoix* nécessitant « d'intégrer des variables hétérogènes comme les contraintes techniques, les données politiques, les aspects diplomatiques ou militaires, etc. »[17]. Dans ce contexte, ses résultats sont parfois inattendus, ne permettant pas toujours d'en expliquer l'origine. Une analyse de la décision prend donc le risque de surdétermination de l'analyse par la connaissance que l'on peut avoir *a posteriori* de ses conséquences. De plus, la densité du tissu institutionnel dans lequel agissent les acteurs limite considérablement leurs marges de manœuvre : règles dans les organisations, stratégies de pouvoir, routines bureaucratiques, idéologies, etc.[18].

---

[14] Bastien Irondelle, *Gouverner la défense : analyse du processus décisionnel de la réforme militaire de 1996*, 2003, p. 68 *sqq*.
[15] *Ibibem*, p. 70.
[16] Muller et Surel, *op. cit.*, p. 103.
[17] *Ibidem*, p. 104.
[18] *Ibidem*, p. 106.

Pourtant, les études empiriques montrent qu'il existe des décisions, ou plutôt que les processus décisionnels peuvent aboutir. En 1969, Haroun Jamous décrivait la réforme des études médicales et des structures hospitalières comme découlant d'une décision autoritaire permise à la fois par le contexte de crise du secteur et le charisme d'une « personnalité réformatrice »[19]. De même, Bastien Irondelle décrit en 1996 une « réforme régalienne » aboutissant à une modification significative de la politique de défense, rompant avec la logique de la période précédente. Cette réforme a reposé sur une série de « décisions majeures [...] ne reposant pas sur le compromis ou le consensus, mais sur l'autorité [du président de la République] »[20]. Ainsi, ce n'est pas parce que la prise de décision est très contrainte par le contexte dans lequel elle se produit qu'il ne se passe rien.

Pour Muller et Surel[21], « le moment décisionnel introduit toujours, d'une façon ou d'une autre, une discontinuité à la fois dans le temps et l'espace » : la décision existe parce qu'on peut définir un *avant* et un *après*, et qu'elle a des conséquences en termes de réaménagement du système d'action publique. Ils proposent d'analyser le processus décisionnel en se demandant « comment l'analyse des logiques à l'œuvre dans les multiples flux décisionnels permet de reconstituer l'enchaînement qui conduit au résultat observé après coup »[22]. C'est dans ce sens-là que nous étudierons le *processus de décision,* mené durant le second semestre de l'année 1997, qui conduira à la réforme de la coopération : nous analyserons comment les acteurs ont fini par définir les paramètres de cette réforme, dans la fenêtre d'opportunité ouverte par le contexte indiqué plus haut. Nous montrerons que, même si les choix sont contraints, des décisions politiques ont été prises pour choisir un chemin de réforme parmi les chemins possibles.

---

[19] *Sociologie de la décision : la réforme des études médicales et des structures hospitalières*.

[20] *Op. cit.*, p. 593.

[21] *Op. cit.*, p. 101.

[22] *Ibidem*, p. 103.

Dans son ouvrage *Essence of decision : Explaining the Cuban missile crisis*, Graham T. Allison propose successivement d'approcher la préparation d'une décision importante[23] à l'aide de trois modèles : le modèle de l'acteur rationnel dans la théorie des relations internationales, le modèle organisationnel de confrontations des intérêts et des valeurs des différentes organisations impliquées et, enfin, le modèle de la politique gouvernementale décrivant l'intégration de très nombreux éléments d'appréciation politique de la situation pour prendre la décision. Nous emploierons également cet artifice de présentation, sans avoir l'ambition théorique d'Allison, pour éclairer la préparation de la réforme de la coopération autour de trois dimensions. Dans un premier temps, nous traiterons de la dimension cognitive de la décision en montrant que les modalités de préparation de la décision visent à produire une nouvelle vision du monde, sans réellement y parvenir. Nous examinerons ensuite comment la configuration des relations de pouvoir entre les différentes organisations parties prenantes a pu permettre la décision. Troisièmement, nous verrons que le caractère très politique de cette réforme a des conséquences sur l'ampleur des décisions prises.

---

[23] La préparation de la réponse américaine à l'installation de missiles soviétiques sur l'île de Cuba par l'administration Kennedy.

- II -

La construction d'une nouvelle vision du monde face au nouveau contexte ?

Le premier aspect qu'il nous semble utile d'examiner dans la préparation de la réforme de 1998 est sa dimension cognitive. Nous avons décrit dans la première partie les trois référentiels sectoriels différents qui peuvent expliquer le manque de cohérence reproché par les observateurs à la politique de coopération. Face au changement de contexte, y a-t-il changement paradigmatique ? Nous décrirons, dans un premier temps, les conditions de préparation de la réforme, qui auraient pu être favorables à la définition d'un cadre cognitif unifié pour la coopération au développement. Dans un second temps, nous montrerons les convergences observées qui ont contribué à la légitimation de certains aspects de la réforme autour de normes et de valeurs partagées par tous les acteurs. Mais le cœur des divergences de référentiels entre ces acteurs, issus d'administrations différentes, a persisté : l'accord ne peut se faire que sur ce qui leur est commun.

UN MODE PARTICULIER DE PREPARATION DE LA DECISION

Compte tenu du nombre important de ministères concernés par la coopération au développement, la préparation de la réforme de 1998 a été directement coordonnée par le cabinet du premier ministre. Dans son ouvrage de présentation du fonctionnement des cabinets ministériels, Olivier Schrameck[24] décrit les modes habituels de prise de décision à l'échelle interministérielle. Les décisions formelles sont généralement préparées par les conseillers des différents cabinets

---

[24] *Les cabinets ministériels*, 1995, p. 55 *sqq*. Pour mémoire, Olivier Schrameck fut également directeur du cabinet de Lionel Jospin à l'époque qui nous intéresse.

ministériels et font éventuellement l'objet d'arbitrages lors de réunions qui sont organisées par le Secrétariat général du gouvernement (SGG), sous la présidence d'un conseiller du premier ministre. Les conclusions sont consignées dans un compte-rendu établi par ce dernier, imprimé sur un papier de couleur bleu et appelé pour cette raison le « bleu ».

La préparation de la réforme de 1998 a été, elle, caractérisée par une tout autre procédure, beaucoup moins formelle dans les premiers mois. Les débats ont, en effet, concerné uniquement les cabinets ministériels, sans solliciter les services. Les réunions ont pris la forme de rencontres régulières, pour le déjeuner, sous la présidence des conseillers du premier ministre chargés, respectivement, des affaires économiques et diplomatiques : « On a mis en place un groupe de travail réuni à l'heure du déjeuner autour d'un verre de vin tous les quinze jours avec les cabinets des ministres des Finances, de la Coopération, du Quai. On a auditionné les ONG, la CFD, etc. Ça a permis de faire émerger un accord »[25]. Le secrétariat de ce groupe était assuré par le cabinet du ministre de la Coopération.

Le format de ces réunions semble avoir été choisi pour des raisons de discrétion et par souci de conserver un pilotage politique à la réforme :

> « La conviction du cabinet de Jospin, c'est qu'on savait ce qu'il y avait à savoir et qu'il fallait préparer une décision politique »[26].
>
> « Les réunions se sont déroulées dans un premier temps au niveau politique parce que d'abord on ne voulait pas de fuites, que deuxièmement on voulait que les ministres soient d'accord sur un certain nombre de principes et, troisièmement, on voulait éviter la "résistance statutaire". Cette méthode a été choisie au regard de l'analyse des précédents échecs. Ça faisait trois fois qu'on essayait de réformer la coopération, trois fois qu'on

[25] Entretien (groupe de travail *ad hoc* constitué autour des conseillers du premier ministre pour préparer la réforme).
[26] Entretien (groupe de travail *ad hoc*).

échouait, on a regardé à chaque fois pourquoi ça avait échoué »[27].

Il s'agissait donc d'éviter que les conflits entre organisations ne débouchent sur des divergences trop fortes, au détriment du nécessaire accord politique. Le souci des animateurs de ces réunions, respectivement diplomate et inspecteur des finances, a d'ailleurs été d'éviter de prendre parti pour les « intérêts de sa [propre] boutique ».

Ainsi, « dans ces déjeuners, on a refait le monde »[28]. Le menu des discussions est volontairement resté assez large pour définir, à la base, les paramètres de la politique de coopération au développement qui serait souhaitable : pourquoi poursuivre l'effort en matière de coopération, dans quels domaines intervenir, quel volume pour l'APD, quels priorités et découpages géographiques, etc. ? C'est seulement dans un second temps que le dispositif institutionnel fut évoqué et les modalités formelles de coordination interministérielle, mobilisées.

Ces réunions, tenues entre juillet et octobre, avaient donc comme objectif d'aboutir à un consensus sur les fondements de la coopération au développement. Mais leur contribution à l'évolution des bases cognitives de la politique de coopération, c'est-à-dire à l'élaboration d'un nouveau référentiel dans le secteur, apparaît avoir été des plus limitées.

La dimension cognitive de la reforme : la reforme de l'Etat, plus petit denominateur commun

Pierre Muller, dans son approche cognitive du changement dans l'action publique, montre que le changement du référentiel dans le secteur considéré est un indice d'une transformation de la politique étudiée[29]. Ce changement de référentiel s'opère notamment, dans cette théorie, par l'influence du *référentiel global*, défini comme « un ensemble de valeurs, de normes, d'algorithmes et d'images qui

---

[27] Entretien (groupe de travail *ad hoc*). En réalité, seulement deux réformes sérieuses ont eu lieu (voir chapitre 2).

[28] Entretien (groupe de travail *ad hoc*).

[29] Pierre Muller, 2005, *op. cit.*

définissent un cadre général d'interprétation du monde (et des règles du jeu de l'action publique) dépassant les limites d'un secteur, d'un domaine ou d'une politique »[30]. Il est en effet possible de montrer que, dans les phases de changement de politique publique, bon nombre des stratégies d'argumentation et de légitimation utilisées par les acteurs qui cherchent à provoquer le changement se développent au nom d'une rationalité globale.

L'influence de cette rationalité globale se fait essentiellement sentir, dans la préparation de la réforme de la coopération, à travers l'importance prise par le thème de la modernisation de l'Etat. La réforme de l'Etat semble, en effet, avoir été une référence normative importante utilisée pour légitimer le renforcement du rôle de la Caisse française de développement[31] au détriment des fonctions assurées par les services des ministères :

> « L'idée qu'une réforme de l'Etat est nécessaire, dans laquelle progressivement s'impose l'idée que l'autorité politique doit être celle qui conçoit la politique, mais que, pour être en mesure de le faire, il faut qu'elle se dégage de la mise en œuvre, c'est une idée complètement moderne, qui amène à repositionner fonctionnellement les ministères par rapport à l'opérateur. [...] Notre logique n'était pas une logique de pouvoir passer d'un système à trois à un système à deux mais une logique de modernité »[32].

Mais en définitive, sur un plan formel[33], la décision qui sera prise ne modifiera que très peu le rôle de la Caisse française de développement, rebaptisée pour la forme « Agence française de développement » (AFD) :

> « On n'a pas appréhendé [la question de l'Agence] sur de bonnes bases. Même si elle s'appelait "Agence" française de dévelop-

---

[30] *Ibidem*, p. 177.

[31] Mais aussi des opérateurs de la coopération culturelle dans le domaine de l'enseignement à l'étranger, de la gestion des bourses d'étudiants, etc.

[32] Entretien (groupe de travail *ad hoc*).

[33] Nous verrons en conclusion que la réforme a tout de même conduit à une évolution significative de la place de l'Agence.

pement, ça n'était nullement une agence puisque, par définition, elle ne faisait pas, elle faisait faire par d'autres. Par conséquent, on discutait de quelque chose qui n'était pas pertinent : on discutait du transfert de moyens et de compétences à une structure qui n'était pas prête à les accueillir et dont il fallait faire en même temps la réforme pour qu'elle le puisse. Donc en réalité quand je me souviens de cette époque, je me dis qu'on était dans quelque chose de virtuel, de principe : "l'Etat fait" ou "l'Etat fait faire" ou "délègue", etc. »[34].

« Le Trésor n'a jamais rien cédé alors qu'il y avait un enjeu très important de reconquête de la place du politique dans la coopération »[35].

Cet exemple nous semble démonstratif de l'absence, au stade de la décision, d'un référentiel susceptible de constituer le cadre d'une nouvelle politique de la coopération au développement. Au contraire, il prouve la persistance des divergences entre les différents acteurs qui, en dernière analyse, provenaient d'administrations différentes et étaient donc porteurs, en les ayant intériorisés, des référentiels de leurs institutions d'origine, dont on a vu la faible compatibilité : « Tout ça s'est mal passé car le petit noyau n'était pas d'accord sur l'évolution des choses »[36]. Pour un autre acteur, « en réalité, ça n'a été qu'un enjeu bureaucratique. Derrière, il n'y avait pas de débat politique ou économique »[37]. Nous allons donc, dans le troisième point, examiner la préparation de la décision sous l'angle de cette confrontation entre organisations.

---

[34] Entretien – cadre ministère des Affaires étrangères.

[35] Entretien (groupe de travail *ad hoc*).

[36] Entretien (groupe de travail *ad hoc*).

[37] Entretien (groupe de travail *ad hoc*).

- *III* -

Approche organisationnelle : la négociation des contours de la réforme

Nous avons décrit, dans le premier chapitre, un équilibre des forces entre les trois ministères impliqués dans la politique de coordination au développement. Pourtant, lors de la préparation de la réforme de 1998, cet équilibre est modifié : une alliance inédite est conclue entre les ministères des Finances et des Affaires étrangères au détriment du ministère de la Coopération. Dans ce troisième point, nous montrerons que, face à ces deux prestigieuses organisations, le ministère de la Coopération se trouve sans ressources dans le jeu politique entre organisations : il est exclu de l'essentiel de la négociation et ne participe que marginalement à la définition de l'accord final.

Le paradigme de la politique bureaucratique[38], sur lequel nous nous appuyons, s'intéresse aux processus politiques impliquant plusieurs organisations bureaucratiques rivales. Il montre que les administrations sont guidées par leurs intérêts propres, motivés par la survie, la préservation ou la croissance de leur organisation. Le jeu des acteurs dans ces interactions politiques est fortement corrélé à leur position dans l'appareil bureaucratique : « Votre point de vue dépend de la position que vous occupez »[39]. Pour Renate Mayntz : « Dans la mesure où les membres d'une organisation s'identifient à leur organisation, ils sont enclins à agir spontanément dans son intérêt, sans avoir reçu d'instruction sur ce qu'il fallait faire »[40]. Le paradigme de la politique

---

[38] Ces éléments sont tirés de la thèse de Bastien Irondelle (*op. cit.*, p. 79 *sqq*).

[39] Loi de Mile. Cette « loi » est confirmée par Morten Egeberg et Harald Soetren dans une étude empirique dans l'administration du gouvernement central de Norvège (*Identities in complex organizations : a study of ministerial bureaucrats, 1993*).

[40] *Organizations, agents and representatives*, 1993, p. 83.

bureaucratique insiste sur les ressources dont peuvent disposer les organisations et en particulier sur les *groupes de référence*[41] qu'elles possèdent, au sein de l'administration (normes, associations professionnelles, grands corps, etc.) comme dans la société civile (électorat, groupe de pression, etc.).

Lorsque le rôle de coordination et d'arbitrage revient à un acteur particulier, comme le chef de l'exécutif, les stratégies du jeu politique entre bureaucraties visent à l'influencer. Le résultat de ce type d'interactions est généralement un processus incrémental, la politique bureaucratique débouchant souvent sur le marchandage, l'ajustement et le compromis[42]. La politique bureaucratique pose ainsi un problème de capacité de contrôle du politique sur l'administration et ainsi de responsabilité, voire de légitimité, de la décision publique. Cela est notamment lié aux nombreuses asymétries d'information qu'induisent les stratégies menées par les acteurs de chaque organisation.

---

[41] Traduction du terme anglais *constituency* qui renvoie à la fois à des éléments concrets (l'électorat) ou abstraits (des normes) à même de soutenir un acteur dans le jeu politique.

[42] Lindblom, *op. cit.*

« Il y avait un triangle Matignon-Affaires étrangères-Finances favorable à une réforme »[43].

Depuis les années soixante, la diplomatie[44] voyait d'un mauvais œil la concurrence du ministère de la Coopération en Afrique. Nommé par décret pris en Conseil des ministres, le chef de la mission de coopération avait dans les faits un rang presque équivalent à celui des ambassadeurs, dans les pays du « champ ». Outre son mode de désignation, il disposait en effet de moyens bien plus importants :

> « Autant l'ambassadeur était "tout nu", autant la mission de coopération avait des fonds. Et ces ambassadeurs étaient presque obligés de demander gentiment : "Est-ce que vous accepteriez de me donner quelques sous pour financer telle ou telle fondation qui me plaît bien parce que...". Donc il y avait un conflit larvé entre ambassades et missions de coopération »[45].

Pour le ministère des Affaires étrangères[46], déjà promoteur de la réforme de 1995, l'enjeu est donc, en 1997, d'absorber le ministère de la Coopération et ses compétences : « Au MAE, ils étaient seulement intéressés par "manger" la coopération »[47].

« Pendant longtemps le ministère des Finances a jugé utile [...] de conserver un ministère de la Coopération »[48]. C'était une des sources importantes de sa rivalité ancienne avec le MAE[49]. En effet, toutes les réformes précédentes prévoyaient de rattacher certaines de leurs

---

43 Entretien (groupe de travail *ad hoc*).

44 Nous désignons ici par diplomatie (et diplomates) la partie du ministère des Affaires étrangères chargée de la conduite des relations internationales de la France, par opposition aux autres métiers du ministère qui concernent notamment les affaires consulaires ou la coopération culturelle.

45 Entretien (coopération).

46 Dans ces discussions préliminaires, le MAE est représenté par le cabinet du ministre. Sa position reflète donc prioritairement celle de la diplomatie traditionnelle et moins celle de la diplomatie culturelle, qui a une place à part dans l'institution.

47 Entretien (groupe de travail *ad hoc*).

48 Entretien (coopération).

49 Dès les années soixante-dix, la diplomatie avait dû laisser au ministère des Finances des prérogatives étendues en matière de diplomatie économique.

compétences à une grande administration de la coopération au développement, sous la tutelle des Affaires étrangères. Le Trésor ne le souhaitait pas, pour éviter une trop grande puissance pour le MAE et par crainte de son manque de capacité à gérer les crédits de la coopération[50].

En 1997, il change de position et accepte la disparition du ministère de la Coopération et le transfert de ses prérogatives au ministère des Affaires étrangères, sous la condition que les siennes ne seront pas modifiées. En effet, avec la libéralisation de l'économie et l'indépendance des banques centrales, les prérogatives de la direction du Trésor se sont progressivement réduites dans les années quatre-vingt - quatre-vingt-dix[51]. Le ministère des Finances a donc eu tendance à être de plus en plus « jaloux » de ses compétences en matière de relations internationales et d'aide au développement :

> « Le Trésor, qui avait perdu une bonne partie de ses compétences économiques, n'avait pas l'intention de se faire piquer cette "jolie petite voiture de sport" qu'est l'AFD [ni le reste de ses prérogatives de coopération au développement]. Ils l'ont extrêmement protégée des attaques de l'autre camp »[52].

La sécurisation de sa tutelle sur la coopération est ainsi apparue au ministère de l'Economie comme un enjeu essentiel. Pour un acteur de cette phase, « ce qui a fait qu'on a avancé [vers la réussite de la réforme], c'est que le MAE a été conduit à accepter la double tutelle sur l'aide publique au développement »[53], donnant ainsi un rôle équivalent au Minefi.

Les discussions sur ce point ont lieu au niveau des ministres eux-mêmes. En effet, le cabinet du ministre de la Coopération propose de rassembler la coopération au développement dans une seule administration (dont les services du ministère auraient constitué l'ossature). Les Affaires étrangères sont favorables à cette proposition,

---

[50] Le ministère des Affaires étrangères a connu, au cours de son histoire, plusieurs crises de cessation de paiement sur ses crédits d'intervention, jetant le doute sur sa capacité à mettre en œuvre des crédits de coopération importants (entretien).

[51] Entretiens.

[52] Entretien.

[53] Entretien (groupe de travail *ad hoc*).

qui est proche de la fusion envisagée en 1995, pour autant qu'ils aient la tutelle sur cette nouvelle entité. Mais la résistance des Finances, relayée par le ministre de l'époque (Dominique Strauss-Kahn), est très forte. Lors d'un déplacement au Maroc du premier ministre[54], auquel participent les trois ministres concernés par la coopération au développement, la question est débattue de façon informelle, notamment entre le ministre des Finances et celui de la Coopération. Tard dans la soirée émerge le concept des « deux piliers » : la coopération au développement relèvera à la fois du ministère des Affaires étrangères et de celui des Finances.

Autour de cette idée se forme « une alliance inédite entre les trois grands ministères [Matignon, Quai d'Orsay et Bercy] et la Caisse. [...] Cet accord passait par la suppression du ministère de la Coopération qui permet au ministère des Affaires étrangères de gagner beaucoup de visibilité, de force, de budgets et à la Caisse de devenir le grand acteur de terrain, ce qui est cohérent avec l'idée profonde que les ministères doivent être des gens qui orientent »[55]. Cette approche permet aux services du premier ministre de ne pas s'affronter à ceux des Finances, très puissants, tout en remplissant l'objectif politique fixé au départ : faire disparaître le ministère de la Coopération. Cet arbitrage apparaît comme un succès pour la direction du Trésor :

> « On reconnaît à Bercy un rôle équivalent à celui du MAE dans le pilotage de l'APD. Nous, on est très contents : on a réussi à maintenir la ligne de partage et elle est formellement affichée »[56].

---

[54] Jeudi 18 et vendredi 19 décembre 1997 pour la rencontre franco-marocaine des chefs de gouvernement à Rabat et Casablanca.

[55] Entretien (groupe de travail *ad hoc*).

[56] Entretien (économie-finances).

Face à cette alliance, adoubée par le cabinet du premier ministre, le ministère de la Coopération semble avoir perdu sa capacité à exister dans la négociation :

> « Officiellement, Matignon fonctionne avec de grandes réunions présidées par un conseiller du premier ministre avec les cabinets des ministres et éventuellement accompagnés des services. La réalité d'une réforme comme celle-là, c'est la direction du Trésor, le cabinet du premier ministre, le cabinet du ministre des Affaires étrangères »[57].

Cela s'explique, conformément au paradigme de la politique bureaucratique, par la perte progressive de l'ensemble de ses *groupes de référence*. En effet, au niveau interne à l'administration, les *atouts* du ministère de la Coopération résidaient dans sa place d'acteur pivot entre Finances et Diplomatie, dans le système de relations de *freins et contrepoids* entre administrations décrit au premier chapitre. Il pouvait ainsi être protégé alternativement par l'un de l'autre et réciproquementL'alliance nouvelle entre ces deux rivaux le place dans la position de devoir assurer seul sa défense.

Or, isolé, le ministère de la Coopération ne pèse plus grand-chose au sein de l'Etat. En premier lieu, au plan interne, ses personnels sont peu susceptibles d'influer sur la décision politique. Ses agents n'appartiennent pas à des corps aussi prestigieux que ceux du ministère des Finances ou, dans une certaine mesure, de la diplomatie[58]. Les

---

[57] Entretien (groupe de travail *ad hoc*).

[58] Le recrutement d'administrateurs civils au ministère de la Coopération avait débuté à la fin des années soixante-dix. Ils étaient moins de 20 en 1997. Le prestige associé à cette affectation peut être mesuré par le rang de sortie de l'Ecole nationale d'administration des étudiants affectés à la Coopération. Jean-Michel Eymeri indique que « la coopération est exemplaire du groupe des administrations et des corps que l'on peut dire marginaux au plan quantitatif (peu de places offertes) et qualitatif (mal identifié, peu puissant, au prestige variable) [*Les gardiens de l'Etat : une sociologie des énarques des ministères*, 1999, p. 222]. Il semble toutefois que le rang de sortie des administrateurs civils intégrés dans la coopération a souvent été équivalent ou supérieur à celui des énarques intégrés au corps des conseillers des affaires étrangères (données de J.-M. Eymeri et entretiens).

« développeurs »[59] ont également une présence marginale dans l'appareil d'Etat, leur activité s'exerçant essentiellement à l'étranger. Les fonctionnaires détachés d'autres administrations qu'il emploie ont souvent une place d'*outsiders* dans leurs administrations d'origine. En outre, pour les personnels du ministère, « il y avait peut-être un sentiment de lassitude. Ça faisait tellement longtemps que la coopération se sentait "menacée", qu'elle acceptait un peu son sort »[60].

Sur un plan externe, la « crise » de la coopération au développement qui s'est développée depuis le début des années quatre-vingt-dix rejaillit essentiellement sur le ministère de la Coopération, qui devient le symbole de toutes les dérives (clientélisme, affaires de corruption, mauvaise utilisation de l'aide, « éléphants blancs », etc.). La bienveillance de l'opinion publique vis-à-vis de l'aide au développement[61] se double ainsi d'une méfiance à l'égard de la coopération : « A tort ou à raison, le ministère de la Coopération s'était taillé au fil des ans une réputation exécrable : scandales financiers, financements occultes, "barbouzeries" en tous genres... Si la réforme parvient à gommer cette mauvaise image sans étouffer le savoir-faire technique et la réelle expérience de terrain de son personnel, elle aura atteint un objectif appréciable »[62]. Pour un acteur de ce ministère : « C'est toujours le ministère de la Coopération qui a subi de plein fouet les critiques sur les éléphants blancs, le soutien aux dictateurs et ainsi de suite [sans en être responsable] »[63].

Le seul soutien externe dont peut se prévaloir la coopération est une légitimité de nature politique. En effet, le programme du Parti socialiste, encore inspiré des thèses tiers-mondistes qui avaient motivé la réforme Cot, est favorable à la mise en place d'une administration

---

[59] On regroupe sous ce terme les agents dont le métier (défini par la qualification et les postes occupés dans la carrière) est principalement la coopération au développement. Ils sont essentiellement présents au ministère de la Coopération.

[60] Entretien (coopération).

[61] Mesurée périodiquement par des sondages effectués par certaines ONG ainsi que par l'enquête Eurobaromètre d'Eurostat.

[62] *Le Figaro*, « Le Quai absorbe la coopération : Une réforme pas une révolution », 5 février 1998.

[63] Entretien (coopération).

unique de pilotage de la coopération, sous la forme d'une grande agence, héritière de la "Caisse" et du ministère de la Coopération :

> « Il y avait la réforme "socialiste" qui aurait été possible. C'était celle de faire un seul grand acteur du développement. Le ministre de la coopération a sauté sur cette opportunité pour dire : c'est ça qu'il faut faire. Les autres acteurs s'y sont opposés »[64].

Même si « la coopération résiste du premier au dernier jour »[65], elle n'est plus en mesure de l'emporter face à deux autres administrations qui peuvent disposer de plus de ressources[66] et d'une solution plus facile à mettre en œuvre : « Le cabinet du ministère de la Coopération voulait une grande agence, pour cela on devait tout détruire »[67]. C'était trop demander.

LA FRAGILITE DE L'EQUILIBRE DES FORCES

Ainsi l'alliance Affaires étrangères-Finances permet-elle de définir les paramètres les plus importants de la réforme de 1998 : la disparition en tant que tel d'un ministère de la Coopération autonome, le rattachement de ses moyens au budget des Affaires étrangères, la rationalisation de la coopération autour de deux grands pôles que sont les affaires étrangères et les finances, l'affirmation d'un rôle d'opérateur pivot pour la Caisse française de développement rebaptisée Agence.

Mais, s'il y a alliance entre ces deux ministères, il ne s'agit pas d'un consensus. Par exemple, sur le volume de l'APD ou le champ géographique de la coopération, des divergences importantes subsistent entre une diplomatie souhaitant intervenir très largement et disposer du maximum de crédits possible pour les réorienter vers la diplomatie culturelle[68] et le ministère des Finances, souhaitant limiter le volume de

---

[64] Entretien (groupe de travail *ad hoc*).

[65] Entretien (groupe de travail *ad hoc*).

[66] Et notamment celle de voir la décision arbitrée par des conseillers du premier ministre issus de leurs rangs.

[67] Entretien.

[68] Sur les objectifs de la diplomatie dans la fusion, voir chapitre 3.

crédits mis à disposition du MAE, peu apte selon lui à les gérer et désireux de concentrer géographiquement l'aide au développement pour améliorer son efficacité.

De plus, en fin de processus, une fois l'intégration de ses services au ministère des Affaires étrangères arbitrée, le positionnement du cabinet du ministre de la Coopération dans la négociation change. Devant devenir ministre délégué auprès du ministre des Affaires étrangères, Charles Josselin[69] cherche à obtenir des concessions à la fois pour préserver son image et pour conserver des prérogatives significatives. Par exemple en fin de processus, les cabinets des ministres des Affaires étrangères et de la Coopération tentent d'obtenir certaines compétences de la direction du Trésor : « Quinze jours avant les arbitrages, le Quai sort du bois pour obtenir un siège à la Banque mondiale et au CAD. Il y a eu un moment de panique. DSK a écrit à Jospin »[70].

Cette péripétie se conclut par deux concessions : la présence d'un diplomate au sein du bureau de l'administrateur de la France auprès de la Banque mondiale et la participation du ministre délégué à la coopération au comité du développement de la Banque mondiale, au côté du ministre des Finances. Elle montre combien l'équilibre des forces est fragile. Elle traduit également la nécessité, pour le premier ministre et pour ses services, de réunir, au-delà d'un accord des cabinets, l'accord personnel et unanime des ministres concernés, pour assurer le succès de la mise en œuvre de la réforme dont ils seront chargés.

---

[69] L'intitulé exact de son portefeuille est « Secrétaire d'Etat à la Coopération et au Développement ».

[70] Il s'agit d'une demande conjointe MAE-Coopération (entretien, groupe de travail *ad hoc*).

- IV -

Approche « politique » : la décision mise en scène

« On n'a jamais eu le sentiment qu'on avait une gauche "idéologique" qui allait conduire cette réforme »[71].

Ainsi, saisissant la fenêtre d'opportunité ouverte par l'alternance de 1997, la marginalisation du ministère de la Coopération a permis une alliance inédite entre le ministère des Finances et celui des Affaires étrangères. Mais la compréhension des résultats du processus décisionnel nécessite également de prendre en compte sa dimension politique, qui fait l'objet de ce dernier point. La nécessité de déboucher rapidement a en effet conduit les pilotes de la réforme à privilégier une démarche pragmatique, tout en mettant en scène la décision pour lui conférer une portée qui dépasse le strict cadre des mesures prises, listées dans l'encadré 1.

EN L'ABSENCE D'UN CONSENSUS, UNE DECISION EN RETRAIT

Des arbitrages au nom du pragmatisme

Beaucoup des membres du groupe de travail piloté par Matignon avaient personnellement vécu les échecs des réformes précédentes. En 1997, ils ont donc souhaité saisir l'opportunité politique qui se présentait pour obtenir des résultats. Le rôle du leadership des conseillers du premier ministre nous semble particulièrement important dans cet arbitrage des contours définitifs de la réforme. Ceux-ci étaient en effet les principaux dépositaires de la forte volonté politique d'aboutir, matérialisée par l'inscription de la réforme dans le discours de politique générale de Lionel Jospin. Il s'agissait de déboucher sur

---

[71] Entretien.

« une réforme bien calibrée, même si on [s'éloignait] de quelques utopies »[72]. La décision s'est ainsi restreinte aux mesures sur lesquelles un consensus politique pouvait être trouvé entre les différents ministres. Elle s'est donc construite en retrait par rapport aux objectifs portés par les réflexions antérieures, le programme du Parti socialiste ou les positions internes à chacun des trois ministères concernés.

1 – Engagement au maintien des flux substantiels d'aide publique au développement, en s'attachant à leur plus grande cohérence et à leur efficacité accrue tout en veillant à une meilleure maîtrise de la dépense publique.

2 – Création de la zone de solidarité prioritaire (ZSP) pour l'aide bilatérale qui comprendra les pays les moins développés en termes de revenus et n'ayant pas accès aux marchés des capitaux.

3 – Création d'un comité interministériel de la coopération internationale et du développement (CICID). Le CICID, présidé par le premier ministre, sera composé des principaux ministres intéressés. Son secrétariat sera assuré conjointement par les ministères des Affaires étrangères et de l'Economie, des Finances et de l'Industrie.

4 – Regroupement des services du ministère des Affaires étrangères et du secrétariat d'Etat à la Coopération et à la Francophonie.

5 – Rationalisation de la coopération autour de deux grands pôles : les affaires étrangères et la coopération d'une part, l'économie, les finances et l'industrie d'autre part, qui concentreront les fonctions de définition, de gestion ou de contrôle de la gestion, et de suivi de la coopération bilatérale française.

6 – Définition d'un opérateur-pivot, auquel seront confiés l'essentiel des projets et des programmes d'aide au développement. Il s'agira de la Caisse française de développement, qui conservera son statut d'établissement public et d'institution financière spécialisée et sera dénommée Agence française de développement (AFD).

7 – Contractualisation des relations avec les pays concernés.

8 – Création d'un Haut conseil de la coopération internationale (HCCI) pour permettre aux représentants de la société civile de donner un avis consultatif dans des domaines où ils interviennent, afin notamment de faciliter la convergence de leurs actions avec celles de l'Etat.

Encadré 1 : Principaux points de la réforme lors de son annonce[73]

[72] Entretien (groupe de travail *ad hoc*).

[73] Les termes sont ceux de la communication du secrétaire d'Etat chargé de la Coopération en Conseil des ministres le 4 février 1998.

A titre d'exemple, l'objectif de rationalisation du dispositif autour d'un unique acteur est rapidement abandonné au profit de l'affirmation de deux pôles se partageant les compétences. De même, la création d'une grande agence, qui figure pourtant dans le programme du Parti socialiste depuis la fin des années soixante-dix, n'a pas été sérieusement envisagée. Ces deux mesures rencontraient en effet l'opposition de la direction du Trésor, relayée par son ministre, et risquaient de faire échouer la réforme. La présidence conjointe du groupe de travail par les conseillers du premier ministre en matière diplomatique et en matière économique et financière indique cette volonté, très en amont, de ne pas entrer dans un affrontement diplomatie-finances. Nous avons développé dans le troisième point comment cette approche a permis une alliance entre ces deux ministères. La réforme est donc venue, sur ce point, confirmer le *statu quo* en renonçant à modifier l'ordre des choses.

En définitive, beaucoup des éléments arrêtés lors de la réunion du 10 janvier 1998 peuvent sembler circonscrits aux points qui faisaient déjà consensus. Ainsi, le ministère de la Coopération était déjà formellement rattaché à celui des Affaires étrangères depuis longtemps[74]. La fusion des deux administrations a été également plus d'une fois envisagée et a même été réalisée entre 1982 et 1986. Le Comité interministériel de la coopération internationale et du développement avait été créé lors de la réforme de 1995-1996 sous le nom de Comité interministériel pour l'aide au développement. De même, la contractualisation des relations avec les pays concernés, qui renvoie à une relecture des accords de coopération signés dans les années soixante et soixante-dix, a été réaffirmée à nouveau comme un objectif assorti de la mise en place « d'accords de partenariat pour le développement »[75].

D'autres mesures annoncées apparaissent comme relativement peu ambitieuses. La création d'un Haut conseil de la coopération internationale, chargé de donner des avis consultatifs, permet d'afficher une implication des acteurs de la société civile dans le pilotage de l'aide

---

[74] Ce fut le cas de 1966 à 1974, de 1981 à 1986 et à partir de 1995 (Lewin, *op. cit.*, p. 86-7).

[75] Cette mesure ne sera jamais mise en œuvre.

sans engager le gouvernement. Sans qu'elle l'ait demandé, de nouvelles compétences sont transférées à la Caisse française de développement, qui devient « l'opérateur pivot » et change de nom. Mais, face à l'opposition du ministère des Finances, ses statuts ne sont pas modifiés.

Pour certains observateurs du processus :

« [Les acteurs de la préparation de la réforme] ont saisi l'air du temps. Ils n'ont pas fait une réforme à base de convictions fortes »[76].

« C'est une décision qui sautait tellement aux yeux de tout le monde qu'il n'y a pas eu de vrai débat. Personne, pas même l'Elysée, n'a poussé de hurlement. Il n'y a eu aucun combat d'arrière-garde. Du coup, on a considéré que le travail était fait »[77].

Un voile d'imprécision

Certains problèmes importants ne peuvent être tranchés lors de cette première phase. Pour les membres du groupe de travail *ad hoc* mis en place, les contingences matérielles deviennent rapidement des obstacles à leur activité de définition d'orientations politique claires :

« Après [la définition du cadre politique général de la réforme], on a dû tenir compte des réalités. L'essentiel, c'était l'irréversibilité de la suppression du ministère [de la Coopération] »[78].

« La mise en œuvre, c'est du détail »[79].

[76] Entretien (coopération).
[77] Entretien (coopération).
[78] Entretien (groupe de travail *ad hoc*).
[79] Entretien (groupe de travail *ad hoc*).

Par exemple, l'avenir des personnels de l'ancien ministère de la Coopération reste problématique. En effet, ni le ministère des Affaires étrangères ni la CFD ne souhaitent les accueillir :

> « Il y avait une sorte d'axe ministère des Finances-AFD pour dire : "On veut bien les compétences mais on ne veut pas les bonhommes et donc tous les tropicalisés de la coopé on n'en veut pas". Du coup, on a été, d'une certaine façon, un peu complices des décisions en demi-teinte car si on était allés au bout de la logique, [on] nous aurait dit d'absorber les cargaisons de coopérants et de les [intégrer à] l'AFD et on n'en voulait pas »[80].

La décision reste donc très vague sur ce point : « L'intégration des personnels [...] au sein du ministère des Affaires étrangères et de l'opérateur pivot, dans ces conditions à définir »[81]. De très nombreux éléments sont ainsi renvoyés à plus tard.

Diane Gibson et Robert E. Goodin[82], dans le prolongement des analyses du paradigme bureaucratique, proposent une modélisation des résultats de certains processus décisionnels en mettant en lumière un « voile d'imprécision » dans la formulation de la décision. Ce modèle s'applique (i) aux processus délibérés et finalisés visant à établir une nouvelle structure institutionnelle ou à procéder à un réarrangement des anciennes, et (ii) dans le cadre de négociations entre entités politiques distinctes sans qu'aucune d'entre elles n'ait véritablement d'autorité prépondérante, justifiant ainsi une décision par quasi-consensus[83]. Gibson et Goodin partent du constat que ce type de situation n'est pas caractérisé par une asymétrie dans l'information entre acteurs mais au contraire, par une très bonne connaissance de chacun des acteurs de ses objectifs, intérêts, vulnérabilités, ressources, soutiens, etc. Selon eux, la négociation peut aboutir, même sans intervention d'un facteur extérieur

---

[80] Entretien (économie-finances).

[81] Relevé de conclusions de la réunion du 10 janvier 1998.

[82] *The veil of vagueness : a model of institutional design*, 1999.

[83] Echelle internationale ou échelle fédérale entre Etats fédérés, dans l'étude de Gibson et Goodin.

contraignant le processus décisionnel, car il débouche généralement sur une formulation de la décision caractérisée par un certain niveau de généralité et donc d'ambiguïté permettant aux acteurs d'accepter un accord ne présentant pas de danger immédiat pour leurs intérêts respectifs.

Ce type d'issue, caractérisée par un « voile d'imprécision », peut prendre deux formes : l'imprécision sur les objectifs ou l'imprécision sur les moyens. En permettant d'augmenter l'incertitude sur les étapes suivantes, le caractère vague de la décision réduit les coûts de transition d'un modèle à un autre et conduit à des changements de nature incrémentale. Il peut également être adapté pour agir sans connaissance approfondie de la situation, pour régler prioritairement les urgences ou concentrer les décisions consistantes sur les points essentiels. Ce type de stratégie permet également de neutraliser les opposants malveillants.

Dans le cadre de la préparation de la réforme de la coopération, la configuration des acteurs nous semble correspondre à une situation du type de celle qui est décrite : l'accord doit être relativement unanime au niveau politique. De même, les acteurs des cabinets ministériels ont une très bonne connaissance du jeu organisationnel, sans avoir jamais toutes les cartes en main. La décision résultant du processus semble confirmer les hypothèses du modèle : elle reste vague sur de nombreux points.

La construction du sens de la reforme : la mise en scene de l'annonce officielle

Les travaux sur la réforme dans les bureaucraties contemporaines insistent sur l'importance de la rhétorique de la réforme, qui peut souvent apparaître comme une situation permanente[84]. Les projets de réforme constituent des éléments de formation de l'opinion permettant à l'organisation de montrer à l'extérieur que l'organisation est ouverte au changement[85]. Ils deviennent ainsi des facteurs essentiels du maintien du *statu quo* dans les organisations. La réforme de la coopération peut, sous certains angles, être interprétée dans ce sens : la poursuite d'une

---

[84] Brunsson et Olsen, *op. cit.*, chap. 3.

[85] *Ibidem*, p. 10.

politique de coopération au développement nécessitait une réforme, indispensable à la revitalisation d'un dispositif ayant perdu sa légitimité. L'étude de la communication politique lors de son annonce nous semble démonstrative de cette stratégie de mise en scène de la réforme comme d'un changement de grande ampleur, même si nous avons vu que les mesures prises ont finalement une portée concrètement limitée.

Murray Edelman[86] décrit ces stratégies de légitimation de la décision politique par l'instrumentalisation du langage. Pour lui, « tout objet ou individu politiquement significatif est conçu comme une interprétation qui reflète et perpétue une idéologie : ensemble ils constituent un spectacle qui varie selon la situation sociale du spectateur et fonctionne comme une machine à produire du sens – comme un générateur de points de vue, et donc de perceptions, d'angoisses, d'aspirations ou de stratégies »[87]. Le jeu politique consiste donc à construire ces significations : les enjeux, les problèmes, les évènements, les parties prenantes, les crises, etc. Celles-ci sont des *constructions de sens* largement déconnectées de toute réalité rationnelle, dont Edelman conteste d'ailleurs l'existence. Ainsi le langage politique construit-il la réalité des acteurs de la sphère politique et de l'ensemble des citoyens. La maîtrise de l'ambiguïté du langage permet son utilisation stratégique. « Il vise toujours à renforcer l'acceptation de l'existence et des actes quotidiens et à multiplier les soutiens apportés aux causes et aux partis »[88].

Edelman insiste en particulier sur la place de la rationalisation du réel par le langage politique, alors même que les situations relevant du politique, du fait de leur complexité ou de leur dimension normative, ne peuvent souvent être élucidées de façon raisonnée. Cette instrumentalisation opère toutefois dans le « monde réel » : les interactions entre la sphère politique et le public se construisent autour de la perception par chacun de ses objectifs et de ses intérêts. Edelman débouche ainsi sur une vision largement cynique et réifiée du jeu

[86] *Pièces et règles du jeu politique*, 1991.
[87] *Ibidem*, p. 34.
[88] *Ibidem*, p. 203.

politique, réduit à la recherche du pouvoir pour le pouvoir, du fait de l'impuissance de l'action gouvernementale à résoudre les problèmes politiques du monde moderne.

Sans le suivre sur ce dernier point, il nous semble possible de reprendre l'analyse d'Edelman de la construction du langage politique pour étudier l'annonce de la réforme de la coopération. La stratégie de communication constitue en effet un bon exemple de mise en scène du spectacle politique par l'utilisation stratégique d'un langage rationnel et la manipulation de symboles et de valeurs pour légitimer la décision. Le mécanisme principal de cette mise en scène est la labellisation des éléments de la décision pour leur donner un contenu ou une portée compatible avec l'objectif politique des porteurs de la réforme. Deux registres de légitimation complémentaires ont été mobilisés lors de l'annonce de la réforme de la coopération de 1998 : celui de la modernité et de la rationalité ainsi que celui de l'évidence et de l'unanimité.

Le premier registre renvoie à l'objectif ancien de rassemblement de la politique de coopération dans les mains d'un seul acteur, qui a été laissé de côté dans la préparation de la réforme de 1998. Ce demi-échec de la rationalisation, qui s'est buté aux logiques bureaucratiques, est finalement transformé en un succès : « Cette rationalisation se traduira par la mise en place de deux grands pôles »[89]. Dans la communication politique autour de la réforme, la cohérence et la coordination reviennent systématiquement :

> « On a là un effort de cohérence, de clarté et de transparence qui nous permettra, je crois, d'avancer. [...] Je crois que là, il y a un dépassement réaliste et novateur que j'espère un certain nombre d'observateurs vont saluer. [...] Vraiment, ce que nous faisons là qui est novateur, et qui reste réaliste, qui rationalise aussi notre aide pour qu'elle soit plus efficace, pour que nous économisions (tout en disant que si nous économisons, ça sera recyclé dans l'aide, c'est-à-dire que nous ne diminuerons pas le montant de notre aide), correspond vraiment à ce que j'avais envie de faire.

---

[89] Communication en Conseil des ministres sur la réforme du dispositif français de coopération, 4 février 1998.

[...] Vous voyez qu'il y a un effort de coordination et de cohérence »[90].

« Ce que modifie la réforme, c'est la façon dont sont gérés les programmes de développement et les diverses formes de coopération : plus moderne et mieux coordonnée. [...] L'objectif était de renforcer la cohérence de notre coopération »[91].

« La réforme engagée se donne un objectif majeur : renforcer l'unité et la cohérence de la coopération internationale menée par la France. [...] La réforme se donne aussi d'autres buts : efficacité, lisibilité des actions menées, transparence »[92].

Au côté de ce registre de la modernité est mobilisé le registre de l'évidence et du consensus. Il s'agit de montrer que la réforme était nécessaire, voire inévitable pour répondre aux problèmes du monde moderne. Il s'agit également de montrer l'absence d'opposition, qui renforce l'idée que les décisions prises sont indiscutables :

« Je crois que c'est parce que le monde a bougé, parce que l'Afrique elle-même a bougé et a évolué, parce qu'il y avait une volonté politique que le gouvernement a essayé d'incarner, parce que le président de la République a compris la nécessité de cette évolution, que cette réforme effectivement se présente. [...] Cette réforme s'amorce enfin avec l'accord de l'ensemble des autorités publiques. Et le fait que ce soit dans la situation d'aujourd'hui, de cohabitation, l'ensemble des autorités françaises et en tout cas de l'exécutif qui sont derrière cette réforme, donne encore plus de poids et plus de chance de réussite. Et là, premier ministre, j'ai la chance d'avoir des ministres, un gouvernement qui a travaillé à une réforme qui a l'aval du président de la République – dont vous dites qu'elle

---

[90] Lionel Jospin, premier ministre, interview diffusée sur Radio-France internationale le 4 février 1998, en ligne sur http://www.archives.premier-ministre.gouv.fr/jospin_version3/fr/ie4/contenu/4272.htm.

[91] Hubert Vedrine, ministre des Affaires étrangères, interrogé dans *Le Figaro*, 12 février 1998.

[92] Charles Josselin, secrétaire d'Etat à la Coopération et au Développement, interrogé par *La Croix*, 6 février 1998.

fait relativement consensus, qui vous amène à vous interroger pour savoir si elle n'est pas trop timide. Moi, je crois que ce sont de bonnes étapes »[93].

« Tout le monde, y compris en Afrique, semblait estimer que cette réforme était nécessaire. [...] en un mot, je crois qu'il fallait faire cette réforme – très attendue »[94].

« Tous ceux qui suivent de près l'évolution de la coopération se sont rendu compte qu'il fallait moderniser, adapter nos outils à une réalité qui avait complètement changé »[95].

Edelman souligne l'importance de lier les solutions proposées par le niveau politique aux problèmes qui se posent. Comme nous l'avons évoqué dans les chapitres précédents, la coopération renvoie automatiquement, en France, à la politique africaine. Les deux problèmes nous semblent relativement disjoints : la rue Monsieur n'a jamais eu qu'une importance très secondaire dans le fonctionnement des réseaux franco-africains et leurs dérives. La réforme de la coopération, qui consiste essentiellement à faire disparaître le ministère de la Coopération et à affirmer la cogestion de cette politique par deux pôles (diplomatique et économique), a donc, *a priori*, peu de conséquences sur la politique africaine prise de façon générale. La création du HCCI, qui vise également à plus de transparence dans l'utilisation de l'aide, ne peut avoir des effets dans ce domaine que très progressivement. Au contraire, l'accord de la présidence de la République n'a été accordé que dans la mesure où les relations diplomatiques présidentielles ne seraient pas contraintes[96].

Mais la communication des responsables politiques va s'attacher à montrer que la réforme vise précisément à rompre avec ces pratiques.

---

[93] Lionel Jospin, 4 février 1998, *op. cit.*

[94] Hubert Vedrine, 12 février 1998, *op. cit.*

[95] Charles Josselin, interrogé par *Le Monde*, 6 février 1998.

[96] « L'Elysée était assez d'accord, pour autant que l'on ne touche pas aux éléphants blancs du président » (entretien).

Elle est érigée en symbole du changement, en portant pourtant sur ce point les contradictions de l'exécutif de la cohabitation :

> « Je trouve qu'il est formidable finalement pour les pays africains qu'ils soient à la fois traités comme tous les autres pays sur la planète partenaires ou interlocuteurs de la France, dans le même temps où, dans la zone de solidarité prioritaire, [...] ils vont être en même temps des partenaires choyés »[97].

> « N'imaginons pas qu'il y avait une part d'ombre qui avait été l'apanage du ministère de la Coopération. Les affaires "franco-africaines", comme on dit, étaient aussi abordées en dehors des instances gouvernementales. On a souvent parlé du domaine réservé. Il y a eu des caricatures ; il y a eu du vrai. Nous ferons en sorte que soient levés toute ambiguïté, tout malentendu. [...] Ce dont il est question, en définitive, c'est bien de renforcer avec l'Afrique le dialogue adulte et responsable »[98].

> « [L'unification du Quai d'Orsay et de la rue Monsieur] me paraît représenter un progrès considérable. En plus, on devrait ainsi, même si je sais bien qu'une réforme n'y suffira pas tout de suite, donner à la coopération une image plus transparente, plus positive. Moins opaque, oserais-je dire, parce que c'est quand même cela qui, pendant un certain nombre d'années, a marqué et a déformé cette politique qui était faite de générosité. [...] Si on maintient une structure administrative spéciale pour les Africains, c'est un peu comme s'ils ne pouvaient pas justifier de la relation internationale normale. Or nous entendons avoir avec eux une relation de partenaires »[99].

Enfin, la légitimation de la réforme obéit également à des logiques partisanes. Les promoteurs de la réforme doivent montrer des gages de compatibilité de leur projet avec les éléments programmatiques,

---

[97] Lionel Jospin, 4 février 1998, *op. cit.*

[98] Charles Josselin, *La Croix*, 6 février 1998, *op. cit.* On peut noter que le ministre de la Coopération a un discours très nuancé sur la responsabilité de son département dans les errements de la politique africaine.

[99] Charles Josselin, *Le Monde*, 6 février 1998, *op. cit.*

souvent d'inspiration tiers-mondiste, promus par le parti socialiste depuis les années soixante-dix. Le nom du HCCI est par exemple inspiré par le rapport de 1990 rédigé sous la direction de Stéphane Hessel, qui a inspiré une part importante des réflexions des gouvernants de gauche sur ces questions, dans lequel il désignait une structure proche du CICID. La question de la création d'une grande agence de l'aide au développement nous semble particulièrement démonstrative de cette logique de légitimation partisane :

> « Beaucoup de gens réfléchissaient à cette idée d'agence depuis longtemps et il est bien de le faire ainsi. Vers cette agence se concentreront les efforts des équipes à la fois du pôle diplomatique et de la coopération et celles du ministère de l'Economie et des Finances »[100].

> « Q : Certains responsables socialistes prônaient une "grande agence" de développement. Pourquoi n'avez-vous pas exaucé ce vœu ?
> R : Mais la "grande agence" est là. C'est l'Agence française de développement qui va succéder à la Caisse française de développement. Elle aura des compétences accrues [...] [et] une tutelle politique renforcée »[101].

Les acteurs de la réforme nous ont confié une vision beaucoup plus instrumentale de cette question :

> « On a changé le nom de la de la CFD en "agence" pour dire qu'on avait créé l'agence réclamée par les socialistes »[102].

> « On a débaptisé la Caisse pour l'appeler "agence", ce qui permettra politiquement au premier ministre de dire : "J'ai fait l'agence que je vous avais promise" »[103].

---

[100] Lionel Jospin, 4 février 1998, *op. cit.*
[101] Charles Josselin, interrogé par *Les Echos*, 6 février 1998.
[102] Entretien (groupe de travail *ad hoc*).
[103] Entretien (groupe de travail *ad hoc*).

- *V* -

Une décision sans ambition ?

Après l'analyse de la décision que nous avons développée dans le troisième chapitre, on pourrait déboucher sur une conclusion très négative : de renoncements en mises en scène, la réforme finalement élaborée ne serait qu'un compromis bureaucratique sans ambition. En l'absence d'un contenu politique substantiel, sous la forme d'un nouveau référentiel, que pouvait-on attendre d'une telle « réformette » ? Une analyse de ce type, en large partie normative, serait une erreur : avec le recul, la réforme de 1998 marque incontestablement une rupture majeure dans l'histoire de la politique de coopération au développement.

Il y a eu décision, puisque ce processus décisionnel a débouché et produit des effets, que nous détaillerons dans la suite de cet ouvrage. Mais cette décision ne correspond pas au modèle du décideur héroïque du sens commun. Dans le monde réel, le processus décisionnel est contraint et ses résultats dépendent plus de ces contraintes que des objectifs initiaux des acteurs, d'ailleurs divers et souvent aux intérêts contradictoires. Nous avons volontairement pointé les limites des éléments de la décision, les demi-échecs, les limites ou les renoncements. Mais la réforme qui est lancée contient des éléments importants, des décisions difficiles qui n'allaient pas de soi. On a vu comment elles débouchent sur la suppression d'une administration, ce dont on connaît peu d'exemples. Elle envoie également un signal très fort au « pré carré », que le ministère de la Coopération faisait exister : sera-t-il dissous dans la nouvelle zone de solidarité prioritaire ? Elle contient également des petites décisions, passées parfois inaperçues, qui contiennent en germe les évolutions essentielles suite à la réforme, comme nous le verrons en conclusion.

De la même façon, la mise en scène de la décision peut déboucher sur une vision manipulatrice et machiavélique du jeu politique, cohérente avec l'analyse d'Edelman. Mais la construction de sens à des fins politiques que nous avons décrite n'est pas seulement un acte superficiel permettant une instrumentalisation à court terme. Elle représente en effet également un acte politique à part entière, est susceptible de produire ses effets propres dans l'évolution ultérieure du système : la construction du discours *sur* la réforme conduit également à construire le *sens de* la réforme. Par exemple, comme nous le verrons dans le dernier chapitre, la légitimité conférée à l'AFD en tant qu'opérateur pivot va lui donner une forte légitimité dans les étapes ultérieures et lui permettre, *in fine*, de conquérir cette place.

Toutefois, même s'il s'agit d'une rupture, l'imprécision des mesures prises, sur les points les plus importants, et les aspects laissés de côté dans cette première phase laissent le jeu très ouvert pour les phases ultérieures. Ainsi, nous traiterons, dans le chapitre suivant, de la mise en œuvre de la réforme pour comprendre comment, à partir des éléments de la décision, se construit le changement.

Chapitre 4
La construction des résultats de la réforme dans la mise en œuvre : l'exemple de la création de la DGCID

- I -

Institutions et appropriation de la réforme

Dans le prolongement de la réfutation d'une vision « héroïque » de la décision, les travaux sur les politiques publiques insistent souvent sur l'importance de la mise en œuvre des *programmes politico-administratifs*, dans la production du changement de l'action publique. Par exemple, dans une recherche menée dans les années soixante-dix sur un programme de relance économique dans la ville californienne de Oakland, Jeffrey Pressmann et Aaron Wildavsky ont montré que, même si le programme identifié au départ n'avait pas atteint ses objectifs, sa réappropriation par les acteurs locaux dans la phase de mise en œuvre avait produit des effets[1]. Comme le signale un acteur de la réforme de la coopération :

> « La décision, elle lance le processus. Mais ensuite, il y a un risque de désintérêt à très haut niveau sur la manière dont elle se met en œuvre, dans la mesure où on rentre dans des pesanteurs administratives, sociologiques, bureaucratiques qui sont plus complexes et plus difficiles à évoquer au niveau des ministres et des réunions interministérielles, mais c'est là que sont prises les vraies décisions et que se passent les choses au quotidien »[2].

Niels Brunsson et Johan P. Olsen[3], à travers l'étude d'une réorganisation de l'administration des transports ferroviaires suédois,

---

[1] *Implementation : how great expectations in Washington are dashed in Oakland or why it's amazing that federal programs work at all, this being a saga of the economic development administration as told by two sympathetic observers who seek to build morals on a foundation of ruined hopes*, Berkeley, University of California Press, 1973.

[2] Entretien.

[3] *Op. cit.*, chap. 7, p. 109-26.

détaillent certains éléments importants de la mise en œuvre des réformes. Ils soulignent par exemple le décalage entre la simplicité des principes de réforme et la complexité de la réalité. Ils montrent la difficulté d'agir avant que le contenu de la réforme ne devienne obsolète, dans un contexte en permanente évolution.

Dans ce quatrième chapitre, nous traiterons de cette phase de mise en œuvre de la réforme de la coopération, où semblent s'être dessinés certains choix essentiels. Il s'agira de comprendre quelle a été sa contribution aux changements observés. On se limitera ici à l'étude du « rapprochement » entre les services des ministères de la Coopération et des Affaires étrangères chargés de la mise en œuvre de la politique de coopération au développement par la création de la Direction générale de la coopération internationale et du développement (DGCID).

Même si cette seconde phase constitue également une série de décision, il ne nous semble pas réaliste de poursuivre l'analyse selon l'approche employée au troisième chapitre. La complexité des différents paramètres ayant fait l'objet de décisions[4] et l'interpénétration dans le temps des différents flux de décisions rendent, en effet, impraticable une analyse en termes de processus décisionnel. Nous chercherons donc à expliciter cet ensemble de décisions à partir de *variables structurelles*, permettant de comprendre les conditions de ce rapprochement et ses effets sur la politique de coopération au développement de la nouvelle entité. Ainsi, on montrera comment les modalités de cette réforme organisationnelle sont surdéterminées par des règles du jeu préexistantes, qui font preuve d'une grande stabilité pendant la mise en œuvre.

Pour cela, notre analyse de cette fusion sera conduite avec les outils de l'approche néoinstitutionnaliste. Celle-ci cherche à expliquer les

[4] Il s'agit en effet de décisions portant à la fois sur les organigrammes, les statuts et les affectations des personnels, les modalités de travail, la communication externe, la défi..ion des budgets, etc. La DGCID étant le produit de la réforme, l'ensemble de son activité peut être analysée comme objet de réforme.

phénomènes sociaux en prenant en compte le rôle des institutions[5], prises dans une acception très large de « règles du jeu »[6], dans la structuration de l'espace social. La multiplication de ces règles conduit généralement à une surdétermination des comportements des acteurs par les institutions, même si, dans certaines situations, des alternatives ou des contingences peuvent se présenter. Les institutions ont ainsi un rôle essentiel dans la distribution du pouvoir entre les différents groupes sociaux. Elles définissent par exemple les modalités d'accès au processus de décision.

Trois grands types d'approches néoinstitutionnalistes sont généralement distingués[7] : *l'institutionnalisme du choix rationnel*, qui adopte une vision des institutions proche de celle de l'économie néoclassique, *l'institutionnalisme historique*, qui s'attache au déploiement dans le temps des phénomènes observés, et *l'institutionnalisme sociologique* (aussi appelé institutionnalisme normatif ou organisationnel), qui prolonge la sociologie des organisations en intégrant la dimension culturelle contribuant à la formation et au fonctionnement des organisations. Le premier courant se distingue particulièrement des deux suivants, lesquels se situent dans une tradition de sociologie constructiviste et diffèrent essentiellement par le type de question qu'ils se posent, sans être incompatibles. En effet, selon l'approche rationaliste, les préférences des acteurs sont

---

[5] La terme « institutions » peut être à la fois compris comme les « règles du jeu » ou comme les organisations qui les portent. Nous nous efforçons, dans la suite du texte, de distinguer ce qui relève des institutions, terme utilisé au sens de « règles du jeu » de ce qui relève des organisations administratives concernées par notre étude

[6] J. G. March et J. P. Olsen définissent les institutions comme « les routines, procédures, conventions, rôles, stratégies, formes organisationnelles, technologies, autour desquels est construite l'activité politique, [...] [mais aussi] les croyances, paradigmes, codes, cultures et savoirs qui entourent, soutiennent, élaborent et contredisent ces rôles et routines » (*Rediscovering institutions : the organizational basis of politics*, 1989, p. 22).

[7] Notamment par Peter A. Hall et Rosemary C. R. Taylor (*Political sciences and the three new institutionalisms*, *Political studies*, 1996, Ellen M. Immergut, *The theoretical core of the new institutionalism*, 1998) et B. Guy Peters (*Institutional theory and administrative reforms*, 1999).

fixées une fois pour toutes, alors que, pour les deux autres approches, les stratégies et les objectifs des acteurs sont socialement et politiquement construits[8]. Il semble que des collaborations puissent exister entre ces différentes approches, qui ne constituent d'ailleurs pas des paradigmes distincts au sens de Kuhn. John L. Campbell et Ove K. Pedersen[9] mettent en avant les complémentarités possibles et la nécessité de les combiner autour d'un projet commun.

Dans ce chapitre, on s'appuiera successivement sur trois modes complémentaires d'explication institutionnaliste. Dans un premier temps, nous montrerons comment les règles du jeu bureaucratiques des deux organisations peuvent avoir été transmises à la nouvelle structure. Cette analyse renverra aux travaux d'institutionnalisme historique sur les phénomènes de dépendance au sentier. Nous nous intéresserons ensuite aux aspects normatifs de la fusion, en étudiant les modalités d'institutionnalisation de la nouvelle organisation mise en place, en nous inspirant des travaux de l'institutionnalisme organisationnel. Le dernier point traitera, selon une approche plus classique des institutions en sociologie politique, de la répartition du pouvoir induite par les règles de fonctionnement de l'administration sur les activités et la stratégie de la DGCID.

---

[8] Kathleen Thelen et Sven Steinmo, *op. cit.*, p. 8.

[9] *The second movement in institutional analysis*, 2001.

- II -

L'inertie créée par la logique bureaucratique

UNE DEPENDANCE AU SENTIER ?

La réunion interministérielle du 10 janvier 1998 a décidé le « regroupement des administrations centrales [des ministères de la Coopération et des Affaires étrangères] et en particulier le rapprochement de la Direction du développement et de la Direction générale des relations culturelles, scientifiques et techniques »[10], ainsi que l'intégration progressive des personnels relevant du ministère de la Coopération au sein du ministère des Affaires étrangères « dans des conditions à définir »[11]. Certains principes de mise en œuvre de cette décision ont également été définis, de façon informelle, dans les rencontres entre cabinets ministériels. En premier lieu, un calendrier très serré de fusion est fixé : la nouvelle structure doit être mise en place début 1999 et disposera d'un budget unique inscrit en loi de finance. Cet impératif de rapidité est motivé à la fois par l'expérience de l'échec de 1995, où un enlisement a été ressenti, et par la volonté de saisir l'opportunité politique pour enfin mener la réforme à son terme. Cette « réforme contre la montre » tient de la gageure :

> « Quand on a réuni pour la première fois les directeurs pour leur expliquer qu'on avait l'intention que le nouvel organigramme soit en place au 1er janvier [1999], les gens nous ont pris pour des fous. On a très bien senti beaucoup de "scepticisme avisé".

---

[10] Relevé de conclusions, *op. cit.* Le sigle de l'ancienne Direction générale des relations culturelles, scientifiques et techniques du MAE est DGRCST.

[11] Le relevé de conclusions envisageait également une intégration au sein de l'opérateur pivot. Cette option n'a pas eu de suite, l'AFD, protégée par le ministère des Finances, n'en voulait pas (entretien).

Tous les gens se disaient : "On lance les études, il y en a pour trois ans… Après, il faudra travailler l'organigramme…" Ils ont été très surpris de voir qu'on a tenu les délais »[12].

En second lieu, la fusion devait se faire à budget constant. Cette contrainte, liée à la conjoncture budgétaire difficile en 1997, était légitimée par la référence à la dimension *managériale* de la réforme : il s'agissait d'être plus efficace, de faire des économies d'échelle et donc des économies budgétaires.

Mais les règles du jeu contraignant cette fusion nous semblent à rechercher bien plus largement que les simples paramètres de nature politique définis au démarrage du processus : elles sont constituées dans une large mesure des héritages des organisations qui existaient préalablement. Cette question renvoie aux théories institutionnalistes de la *dépendance au sentier* (*path dependency*). Cette notion est empruntée aux travaux de l'économie institutionnelle[13] et a été adaptée à l'analyse de l'action publique par Paul Pierson[14]. Il s'agit de replacer les phénomènes sociaux dans le contexte historique, en mettant en avant les contraintes pesant sur les choix présents du fait des choix passés. La notion de « *path dependency* » a connu un succès très important, lié à sa capacité d'expliquer les difficultés de réforme dans les gouvernements modernes. Mais cela a souvent conduit à une réification de cette notion, pour simplement exprimer que « l'Histoire compte »[15].

Pierson[16] propose de restreindre l'utilisation de ce concept aux phénomènes, nombreux dans la sphère politique, qui présentent des *rendements croissants* : un avantage à un moment donné augmente la

[12] Entretien (diplomatie).

[13] Voir par exemple Douglass C. North, *Understanding the process of economic change*, 1999.

[14] *When effect becomes cause, Policy feedback and political change*, 1993 et *Increasing returns, path dependence, and the study of politics*, 2000.

[15] Pierson, 2000, *op. cit.*, p. 252. Voir également Eve Fouilleux, *op. cit.*, p. 258 *sqq* et Kathleen Thelen, *op. cit.*, p. 14.

[16] 1999, *op. cit.*

possibilité d'être avantagé dans l'avenir[17]. Les processus à rendements croissants présentent quatre caractéristiques : ils sont imprédictibles et peu flexibles au fur et à mesure de l'avancée sur la trajectoire ; ils peuvent être influencés par des événements de faible ampleur intervenant en début de trajectoire ; ils sont finalement potentiellement inefficients à long terme. A partir des travaux de l'économiste Brian Arthur, Pierson identifie quatre facteurs caractéristiques des institutions, à même de générer des rendements croissants : les coûts fixes ou les coûts de départ importants, les effets d'apprentissage, les effets de coordination (les bénéfices individuels augmentent si les autres acteurs adoptent la même option), les anticipations adaptatives (les acteurs cherchant à « miser sur le bon cheval »). Ces caractéristiques sont très répandues dans la sphère politique. Les institutions en place génèrent donc souvent des incitations ou des encouragements qui renforcent leur propre stabilité et leur développement futur. Ce phénomène de verrouillage (*lock in*) est à l'origine de la *dépendance au sentier*. Dans le domaine des politiques publiques, on observe ainsi des boucles de rétroaction (*policy feedback*) : le contexte d'élaboration des politiques publiques à venir est modifié par l'institutionnalisation des politiques passées.

Pour Eve Fouilleux[18], c'est la description de ces mécanismes de verrouillage qui permet de valoriser la notion de sentier de dépendance

---

[17] Deux exemples sont généralement donnés pour ce type de phénomène. Le premier est l'expérience de *l'urne de Polya* en mathématiques : l'expérience débute avec deux boules de couleurs différentes dans l'urne ; à chaque tirage, on rajoute une boule de la couleur de celle qui a été tirée. L'issue de l'expérience est totalement indéterminée (au n^{ième} tirage, il y a entre 1 et n–1 boules de chaque couleur, sans que la proportion soit prédictible *a priori*). Toutefois, plus on avance dans l'expérience, plus le degré de prédictibilité augmente. Le second exemple fréquent est issu de l'économie : alors qu'il est prouvé que le *clavier QWERTY* est sous-optimal en termes de vitesse de dactylographie, il s'est imposé au cours de l'Histoire ; au fur et à mesure de l'augmentation du nombre de claviers et d'utilisateurs formés à ce type de clavier, le coût d'un changement de ce type de clavier standard a augmenté dans des proportions telles que l'introduction d'un nouveau type de clavier plus efficient apparaît bien peu envisageable.

[18] *Op. cit.*, p. 260.

dans l'analyse des politiques publiques. Dans le cadre de la réforme de la coopération, ces effets de verrouillage nous semblent pouvoir être décrits à deux niveaux :

- au niveau de l'organisation et du fonctionnement des administrations, les nombreuses règles, routines et procédures en place avant la fusion ont limité les possibilités d'évolution ;
- au niveau de l'activité administrative, on a pu observer, juste après la fusion, un phénomène d'inertie (*stickiness*), qui a conduit à la poursuite de la tendance observée précédemment, sans modification notable du fait de la réforme.

UN HERITAGE INSTITUTIONNEL QUI CONTRAINT LE CHOIX

Comment opérer le rapprochement Affaires étrangères-Coopération ? Cette question très ouverte nécessite de régler un nombre incalculable de questions comme la définition de l'organigramme, les modalités d'autorité des ministres sur les nouvelles entités, l'affectation des dossiers et des personnels dans les nouveaux « bureaux », mais aussi l'attribution des locaux, le format des correspondances officielles, les circuits de signature, la répartition des budgets de fonctionnement, etc. La complexité du problème s'oppose à la faible durée allouée aux responsables administratifs[19] pour y répondre. Dans ce contexte, la capacité d'innovation est faible et les nouvelles règles du jeu mises en place seront souvent la juxtaposition d'anciennes règles issues du ministère de la Coopération ou, plus souvent, de celui des Affaires étrangères. Un exemple permet de bien saisir les modalités de ce processus qui voit les interactions des acteurs conduire à la reconduction des règles du jeu antérieures : la définition de l'organigramme.

L'organigramme de la Direction générale de la coopération internationale et du développement, issue de la fusion de la DGRCST des

[19] l fusion a été pilotée entre mars 1998 et décembre 1998 par deux hauts fonctionnaires nommés conjointement par le ministre des Affaires étrangères et le ministre délégué à la coopération. Le nouvel organigramme fut en place dès janvier 1999.

Affaires étrangères et de la Direction du développement du ministère de la Coopération, est le fruit d'un processus itératif arbitré par les ministres eux-mêmes entre mars et mai 1998. Le premier arbitrage, de nature politique, pose le principe du regroupement dans une seule direction. Ce choix est alors fait en accord entre le premier ministre, le ministre des Affaires étrangères et celui de la Coopération contre des options qui auraient conduit soit au démembrement de la coopération dans diverses directions du MAE (moins visible sur le plan politique et nécessitant une réforme en profondeur du Quai d'Orsay[20]), soit à la création d'une Direction du développement indépendante, faisant peser une menace sur l'irréversibilité de la réforme. Mais cette première étape, arbitrée dès le 8 avril 1998, laisse encore de nombreuses options possibles pour la répartition des compétences au sein de la Direction générale entre une entrée géographique, débouchant sur un guichet unique par pays, et une entrée sectorielle (coopération au développement, coopération culturelle, audiovisuel, etc.), plus proche de l'existant.

L'option finalement choisie (figure 3) est celle de l'intégration à l'organigramme de l'ancienne DGRCST d'une Direction du développement et de la coopération technique construite à partir de la Direction du développement de l'ancien ministère de la Coopération et de la Direction de la coopération scientifique et technique de la DGRCST. L'ancien service des moyens et méthodes est renforcé par les départements de la coordination géographique et certaines capacités de gestion, notamment le bureau du FAC venu de la direction de l'administration générale de l'ancien ministère de la Coopération. La principale innovation est le regroupement des services concernés par la coopération universitaire et scientifique pour créer une direction spécifique. Ce travail de réorganisation se fait de façon très détaillée, en définissant l'organisation en divisions ou bureaux de la nouvelle entité ainsi que les fiches de poste de chacun des cadres de la nouvelle direction. Toutefois, la majorité des bureaux, s'ils changent de direction

[20] Cette option nécessitait également d'accueillir au sein de certaines directions politiques du MAE des personnels de l'ancienne Coopération, ce qui était difficilement acceptable par les diplomates (voir second point de ce chapitre).

ou de sous-direction, restent intacts. Le résultat final est assez proche de ce qui pouvait exister auparavant.

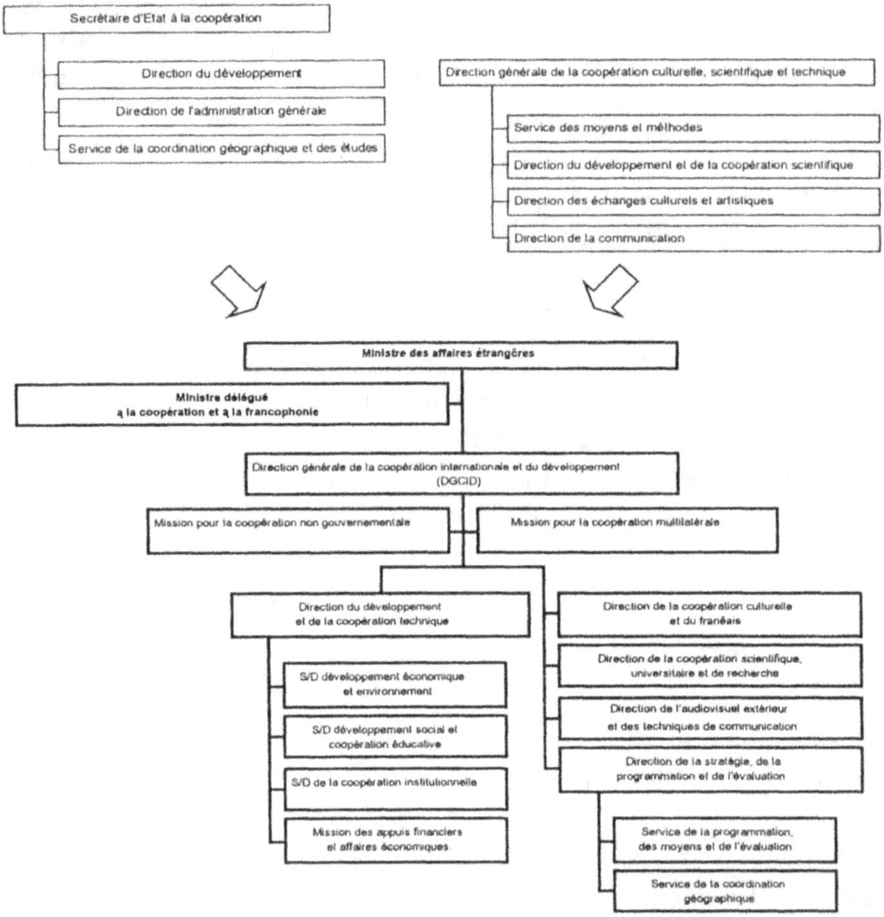

Figure 3 : Organigrammes des services concernés avant la fusion et organigramme de la DGCID

Selon des acteurs de la réforme :

« Il fallait introduire une dimension supplémentaire avec le développement, mais ça ne changeait pas grand-chose. Une direction séparée du développement était exclue d'entrée car on voulait que l'Afrique soit traitée comme les autres »[21].

[21] Entretien (diplomatie).

« Il y a eu un réflexe de peur contre une réforme trop originale qui aurait fait de la DGCID un donneur d'ordres organisé sur une base géographique qui lui donnait une plus grande légitimité politique. Mais ça impliquait un démantèlement de tout l'existant. Ça a fait très peur au Quai d'Orsay traditionnel »[22].

On voit donc que la définition de l'organigramme, c'est-à-dire des nouvelles règles du jeu, se fait en ajustant à la marge les anciennes. Dans les faits, elle est comprise comme la juxtaposition d'une véritable direction de la Coopération au développement aux directions de la DGRCST. Le verrouillage autour des règles d'organisation préexistantes peut s'expliquer par les *groupes de référence* constitués par chacun des bureaux et ses clientèles. L'existence d'organigrammes crée également, à la fois, des effets d'apprentissage et des effets de coordination générateurs, conformément aux travaux de Pierson[23], de rendements croissants et d'une dépendance au sentier.

L'INERTIE DE L'ACTIVITE ADMINISTRATIVE : *BUSINESS AS USUAL*

Au-delà du maintien de la plupart des conditions de fonctionnement au sein de la nouvelle DGCID, on constate une très grande continuité dans l'activité administrative. A court terme, la réforme n'apparaît pas avoir eu d'impact notable sur les actions de développement menées auparavant par le MAE et l'ancienne coopération[24]. Cela peut s'expliquer par le manque de contenu substantiel de la réforme en termes de réorientation de la politique de coopération : les divergences entre les différents acteurs n'ont pas permis de mettre en place un nouveau cadre cognitif commun pouvant constituer la base des futures actions de coopération de la DGCID.

---

[22] Entretien (diplomatie).

[23] 2000, *op. cit.*

[24] Nous manquons d'éléments chiffrés permettant de reconstituer les trajectoires de l'activité respective de la DGRCST et de la Direction du développement. Toutefois, cette continuité est largement confirmée par les acteurs. La consommation par la DGCID de tous ses crédits durant sa première année de fonctionnement montre qu'il n'y a pas eu de changement de cap. Dans le cas contraire, il est très peu probable que les dépenses auraient pu rester aussi importantes l'année de la réforme.

Mais cette inertie est également générée par l'action publique elle-même, qui présente des boucles de rétroaction positives. Elle produit en effet le plus souvent les contraintes qui empêchent sa propre évolution. Ces contraintes résident principalement dans les groupes d'acteurs soutenant la politique menée ou ayant un intérêt spécifique à sa poursuite. Les acteurs de la mise en œuvre des politiques publiques peuvent ainsi constituer un *groupe de référence* (*constituency*). Les bénéficiaires sont également un soutien aux interventions publiques dont ils bénéficient, d'autant plus qu'ils ont souvent contracté des engagements en anticipant la poursuite de la politique[25]. Cela conduit à un verrouillage (*lock in*) qui empêche le changement de contenu de la politique publique et constitue la source du phénomène de dépendance au sentier. Pour la politique de coopération, les soutiens au maintien de la politique sont la nouvelle Direction du développement et de la coopération technique (DDCT) et les pays bénéficiaires.

Les acteurs de la mise en œuvre des actions de coopération au développement ont pourtant très peu changé au moment de la réforme. Les structures opérationnelles (bureaux) sont restées comparables au niveau central et au niveau du terrain, même si leur positionnement dans la chaîne hiérarchique a été modifié par la création de la DDCT au sein du MAE et, à l'étranger, des services de coopération au sein des ambassades. De plus, du fait de la compétence technique nécessaire, les personnels recrutés sont restés globalement les mêmes. Les effets d'apprentissage au sein de cette communauté professionnelle ont conduit à des difficultés pour réorienter l'activité vers d'autres géographies : les agents de l'ancienne coopération étaient très spécialisés sur l'Afrique[26]. Par ailleurs, au niveau des pays bénéficiaires, plusieurs décennies d'actions de coopération avaient également généré un besoin de maintien de ces activités. Relayé au niveau politique dans le pays bénéficiaire puis dans les relations officielles entre celui-ci et la France, ce besoin crée un *groupe de référence*. Cela explique le renouvellement fréquent des projets de coopération menés au bénéfice

[25] Voir Pierson, 1993, *op. cit.*, sur ce phénomène dans le cadre de la réforme des retraites aux Etats-Unis et au Royaume-Uni dans les années quatre-vingt.
[26] Entretiens.

de la même structure ou zone bénéficiaire, alors que ces actions étaient censées tarir leur demande, du fait de leurs effets positifs sur le développement[27].

Le type d'actions menées par la DDCT a donc peu changé après la fusion, et l'élargissement de l'horizon géographique de cette coopération au développement hors d'Afrique s'est fait difficilement. Ainsi, pour un acteur ayant suivi de près le processus de fusion :

> « La DGCID a [encore maintenant] dans son fonds de commerce le même type de dossiers que l'ancienne Direction du développement »[28].

De même, l'intégration au sein de cette direction des actions menées au profit des anciens pays « hors-champ » n'a pas conduit à une inflexion très importante. Là encore, les effets d'apprentissage donateur-bénéficiaire et l'existence de groupes de référence ont conduit à un relatif maintien à court et moyen termes du format de ces activités.

---

[27] Entretiens.

[28] Entretien (coopération). Cet entretien a été réalisé avant le CICID de mai 2005 entérinant le transfert de certaines activités de la DGCID vers l'AFD.

- *III* -

La recherche d'une « fusion des cultures » dans la DGCID

Le « rapprochement » de la Direction du développement et de la Direction générale des relations culturelles, scientifiques et techniques a donc conduit à la cohabitation de deux communautés professionnelles très différentes. Cet enjeu a été désigné par les acteurs de la réforme comme la « fusion des cultures ». Dans ce troisième point, nous traiterons de cette dimension pour souligner l'enjeu identitaire de la réforme des organisations. Nous montrerons que les identités de la DGRCST et de l'ancien ministère de la Coopération sont particulièrement contrastées. Dans ce contexte, nous verrons que l'institutionnalisation de la nouvelle organisation autour de valeurs, de normes et plus largement de règles du jeu communes ne s'est pas produite.

La dimension identitaire de la reforme des organisations

La construction du collectif est une problématique centrale des sciences sociales. Les approches en termes de choix rationnel apportent une modélisation séduisante de la réunion d'individus poursuivant chacun leurs propres intérêts. Mais, malgré les raffinements extrêmes avec lesquels elles sont conduites dans les recherches actuelles[29], celles-ci ne permettent pas de rendre compte de la difficulté à changer les règles du jeu dans les organisations. James G. March et Johan P. Olsen[30] proposent une modélisation alternative du comportement des acteurs en termes de logique d'opportunité (*appropriateness*). Selon eux, les

---

[29] Voir par exemple Margaret Levi, *A model, a method and a map : rational choice in comparative historical analysis*, 1997.

[30] *Rediscovering institutions : the organizational basis of politics*, 1989, notamment p. 22 *sqq*.

acteurs ne prennent pas leurs décisions en anticipant de façon rationnelle leurs conséquences (*consequential calculation*) mais en analysant la situation en termes de positionnement et d'identification dans l'espace social considéré. Cette logique se traduit par les questions suivantes : quel type de situation est-ce ? qui suis-je ? dans quelle mesure les différentes actions possibles sont opportunes pour moi dans cette situation ? quelle est la plus appropriée ? Le comportement de l'acteur est ainsi déterminé par le sens qu'il donne à la situation et à l'action, qui dépend de ses références cognitives, et notamment de préférences construites socialement qui ne sont pas données *a priori*.

Cette logique d'opportunité est à la base des règles du jeu des organisations. Pour March et Olsen, « les institutions [au sens de règles du jeu] sont construites autour de groupes d'activités opportunes, de procédures pour assurer leur préservation face aux dangers de retournement ou ceux posés par les intérêts individuels, ainsi que de procédures pour les modifier »[31]. Celles-ci constituent donc une opérationnalisation[32] de l'identité des acteurs et des organisations en même temps qu'elles permettent de mieux la saisir. Il y a donc une coconstruction entre l'identité et les règles du jeu organisant le jeu collectif. Tom Christensen et Kjell Arne Rovik[33] soulignent que cette construction n'a pas de caractère rationnel et peut conduire à des ambiguïtés, une compétition ou des contradictions entre identités d'un même acteur ou d'un même groupe soumis à des règles du jeu différentes. Ils donnent notamment l'exemple des logiques contrastées pouvant exister aux différents niveaux imbriqués d'une organisation : ce qui peut être approprié à un niveau global peut ne pas l'être au niveau d'une division de l'organisation. Cette ambiguïté peut également se retrouver dans la confrontation entre identité organisationnelle et identité professionnelle[34]. Il convient également de souligner le rôle de l'environnement pour la construction de la légitimité des règles du jeu

---

[31] *Ibidem*, p. 24.

[32] *Enactment.*

[33] *The ambiguity of appropriateness*, 1999, p. 164.

[34] Renate Mayntz, 1999, *op. cit.*, p. 85 ; Morten Egeberg et Harald Soetren, *Identities in complex organizations : a study of ministerial bureaucrats*, 1999.

et donc de l'identité des organisations : en fonction du contexte dans lequel est plongée l'organisation, certaines identités sont plus légitimes que d'autres. En conséquence, il peut exister un découplage entre idéologie interne et externe[35].

Ainsi, le processus de construction du collectif réside dans l'institutionnalisation progressive de son identité sous la forme de règles du jeu communes à ses membres. Ce processus peut être défini comme suit : « Les organisations peuvent être qualifiées d'*institutionnalisées* dans la mesure où leur comportement est induit par des règles culturellement déterminées qui se manifestent elles-mêmes dans l'action par certaines routines et donnent du sens à cette action »[36]. Ce processus permet de créer de la stabilité dans l'organisation. Mais il peut également être un obstacle au changement. Brunsonn et Olsen indiquent toutefois que plusieurs types de changement peuvent voir le jour dans les organisations. Certaines évolutions sont ainsi possibles en accord avec l'identité de l'organisation, qui relèvent alors d'une logique routinière. Elles s'opposent aux changements brusques, de plus grande ampleur, mais relativement rares, qui entrent en contradiction avec l'identité de l'organisation[37].

Ainsi, face à un processus volontaire de réforme, différentes organisations peuvent réagir de façon contrastée. L'étude du passage de l'administration suédoise à un budget pluriannuel[38] a montré que l'identité des institutions pouvait conduire à des appropriations différentes de la réforme. Ainsi, les acteurs des processus de réforme, eux-mêmes tenus par les règles du jeu des organisations auxquelles ils appartiennent, peuvent-ils apparaître dans une certaine mesure comme les agents de leurs organisations dans le processus de réforme[39].

---

[35] Brunsson et Olsen, *op. cit.*, p. 9. Voir également Nils Brunsson, *The hypocrisis of organizations : talk, decisions, and actions in organizations*, 2002.

[36] *Ibidem*, p. 4.

[37] *Ibidem*, p. 6.

[38] *Ibidem*, chap. 8.

[39] *Ibidem*, p. 197. Nous n'allons pas aussi loin que Brunsson et Olsen, qui font l'hypothèse selon laquelle les agents seraient « facilement interchangeables ». Les

Cette approche nous permet de traiter ici de la dimension identitaire de la création de la DGCID. Nous nous proposons, en particulier, d'étudier la « fusion des cultures ». Cette expression, empruntée aux acteurs, montre l'objectif initial de dépassement des différences identitaires des deux administrations fusionnées. Les recherches contemporaines en sciences politiques ont pris leurs distances avec la notion de culture, mise en avant dans les années soixante par le courant culturaliste[40]. Pourtant, il nous semble qu'il peut s'agir d'un outil pertinent de caractérisation de groupes ou d'organisation dans une perspective institutionnaliste. Nous adoptons ici la définition de Jean-Michel Eymeri : « On désigne par culture un composé indécomposable de représentations, de croyances, de savoirs, de savoir-faire et de pratiques, caractéristique d'une unité sociale considérée et de ceux qui la peuplent »[41]. Cette approche se situe dans la suite des travaux de Clifford Geertz qui a centré dans les années soixante-dix l'étude de la culture sur la compréhension des facteurs symboliques permettant la construction du sens[42]. Ces facteurs ne relèvent pas seulement de l'idéologie et sont investis dans l'action en en étant indissociables : « Ainsi la culture se compose-t-elle, à côté des croyances et des savoirs discursivement élaborés [...], de savoir-faire conscients et inconscients, et de pratiques, routinisées et partagées »[43]. La culture peut ainsi être utilisée pour la caractérisation et la comparaison des organisations. Jean-Michel Eymeri montre, par exemple, à l'aide de cet outil conceptuel, la similitude des cultures professionnelles des « énarques des ministères » et définit ainsi une « culture de l'Etat » comme dénominateur commun repérable sous forme de schèmes, de perception,

travaux sur les « *social skilled actors* » ou les études empiriques montrent que les acteurs comptent malgré tout.

40 Il s'agit notamment des travaux de Almond et Verba d'étude comparative des « cultures politiques » (Jacques Lagroye, *Sociologie politique*, 2002, p. 189).

41 Jean-Michel Eymeri, 1999, *op. cit.*, p. 452.

42 *The interpretation of cultures*, 1973, p. 5.

43 Jean-Michel Eymeri, *op. cit.*, p. 450. Ann Swidler (*Culture in Action : Symbols and Strategies*, 1998 [1986]) insiste également sur le lien entre culture et action, en montrant que la culture constitue un ensemble de ressources utilisées par l'individu pour construire ses stratégies d'action.

d'intellection et d'appréciation, d'un stock cognitif et évaluatif, de régularités comportementales, de routines d'action, etc.

Nous approchons ainsi l'identité de ces deux administrations par leur culture. Cette notion intègre les référentiels de politique publique portés par les acteurs de chacune d'entre elles. Mais elle inclut aussi les rituels, les savoir-faire, symboles caractéristiques, incarnés dans leurs pratiques quotidiennes. Les données empiriques à notre disposition ne permettent pas d'établir une description très fine de chacune de ces deux cultures. Nous nous contenterons, ici, de montrer les principales caractéristiques qui rendent difficiles la fusion et de mesurer les résultats de cette fusion sur l'identité des acteurs.

DEUX HERITAGES CULTURELS INCOMPATIBLES ?

« Chacun a fusionné avec en tête ses propres comportements, manières de faire, concepts, enjeux de survie »[44].

Dans le premier chapitre, nous avons développé les histoires différentes de la diplomatie culturelle, d'une part, issue d'une tradition vieille de plus d'un siècle, à laquelle a été accolée une activité de coopération technique au sortir des indépendances, et la coopération du ministère du même nom, d'autre part, située dans le prolongement de la décolonisation en Afrique subsaharienne. Ces deux traditions ont formé des communautés professionnelles très différentes, dont l'action relève, principalement, de deux référentiels de politique publique distincts que nous avons respectivement nommés référentiel de « l'influence culturelle » et référentiel « développementaliste ». Ces deux matrices cognitives font système avec deux cultures très spécifiques à chacune des organisations.

Nous pouvons notamment décrire un *habitus* pour chacune de ces communautés professionnelles. Il s'agit du système de pratiques et de représentations qui permet aux agents, respectivement du ministère de la Coopération et de la DGRCST, « d'habiter [ces] institutions, de se les approprier pratiquement, et par là de les maintenir en activité, en vie,

[44] Entretien.

en vigueur [...] et de faire revivre le sens qu'on y a déposé »[45]. Habitus et référentiels de politique publique nous semblent être les deux éléments complémentaires permettant de distinguer la culture des agents du ministère de la Coopération de celle des agents de la DGRCST. Nous nous proposons de décrire succinctement quelques éléments caractéristiques de ces *habitus* différents, à partir du rattachement et de l'origine administrative des agents, des savoir-faire professionnels et des pratiques de socialisation des acteurs[46].

La Direction générale des relations culturelles, scientifiques et techniques était essentiellement composée d'agents du ministère des Affaires étrangères et de cadres détachés du ministère de l'Education nationale. Son action s'est historiquement ancrée au Proche- et au Moyen-Orient, où les œuvres françaises ont depuis le début du siècle promu l'usage du français ou la recherche, par exemple dans le domaine de l'archéologie. Cette communauté professionnelle avait ainsi une lecture du monde centrée sur les sciences humaines. En termes de savoir-faire, à l'époque de la réforme, ses agents s'attachaient essentiellement à l'organisation d'évènements, de jumelages et attribuaient des bourses de formation ou de recherche. La DGRCST gérait également les établissements français d'enseignement, de recherche et les centres culturels à l'étranger. Si le Proche- et Moyen-Orient occupaient une place importante dans l'imaginaire de la DGRCST, une part majeure de son activité était orientée vers les pays occidentaux. En matière de coopération technique, l'activité était concentrée au Maghreb et dans l'ancienne Indochine, sur des opérations relevant de la recherche et de l'expérimentation ou sur des projets de développement très localisés. Mais cette coopération technique, mise au service de la coopération culturelle, avait peu d'importance dans la culture de la DGRCST. Ainsi, la diplomatie culturelle avait-elle adopté une éthique professionnelle très proche de la diplomatie, dans sa relation avec ses partenaires. L'accent était mis

[45] Pierre Bourdieu cité par Lagroye (*op. cit.*, p. 415).

[46] Sauf indication différente, les éléments rassemblés ici sont issus d'une analyse transversale des entretiens.

sur le prestige et les contacts directs avec les élites, compatibles avec les valeurs de la diplomatie traditionnelle.

Il faut noter que la DGRCST a toujours entretenu des relations ambiguës avec la diplomatie traditionnelle :

> « Il a toujours existé une relation très bizarre entre la "DG" et le ministère, qui a joué énormément pendant toute la période de la réforme. [...] Le ministère l'affaiblit (tout en s'affaiblissant lui-même), pour qu'elle ne prenne pas trop d'importance »[47].
>
> « La Direction générale, c'est le vilain petit canard de cette maison [le ministère des Affaires étrangères]. On n'en attend jamais de bien et que des problèmes. On l'aime, d'une certaine façon, mais on estime que c'est bizarre dans le paysage »[48].
>
> « La Direction générale, c'est la seule direction du MAE qui produit. On fait des projets de coopération. C'est une industrie de main-d'œuvre. Ça n'a rien à voir avec une direction politique qui produit des notes et des télégrammes »[49].
>
> « Ils [les diplomates de chancellerie] ont le sentiment que le travail noble est fait par quelques individus démunis, et le travail moins noble, fait par des types qui roulent sur l'or, qui ont des voitures de service, qui ont des crédits, qui payent des billets d'avion, etc. Bien entendu là-dedans il y a beaucoup de fantasmes. [...] Et vous construisez ainsi une sorte de mésentente cordiale »[50].
>
> « Le temps du diplomate, dans l'action, et le temps de la coopération ne sont pas le même temps »[51].

En comparaison, pour un acteur de la réforme, « la coopération c'était encore pire [que la DGRCST pour le Quai d'Orsay] : des types avec des pataugas qui allaient creuser des puits au Mali. Tout ça, ça

[47] Entretien (diplomatie).
[48] Entretien (diplomatie).
[49] Entretien (diplomatie).
[50] Entretien (diplomatie).
[51] Entretien (diplomatie).

n'était pas du noble »[52]. Les personnels du ministère de la Coopération étaient en effet d'origines plus diverses[53] et plus spécifiquement spécialisés sur l'Afrique et les questions de développement. Pour une part très importante, il s'agissait de contractuels employés durablement par ce seul ministère[54]. Les corps techniques et les spécialistes de l'économie y avaient une importance notable. L'action de la coopération était centrée autour des *projets*, qui constituent le format type des actions dans le domaine de l'aide au développement[55]. Il s'agissait d'actions mêlant transfert financier, investissements matériels et immatériels ainsi qu'une assistance technique. Des agents du ministère étaient directement impliqués dans ces opérations, à travers l'assistance technique.

Le « développeur » paraît ainsi avoir constitué la référence professionnelle de ces agents du ministère de la Coopération : un professionnel de terrain, tissant des relations de coopération avec des homologues dans le pays partenaire et mettant « la main à la pâte » quand nécessaire. Le développeur a été une image caractéristique des relations avec les anciennes colonies d'Afrique subsaharienne : ses rapports avec les partenaires se tissaient dans une relation ambiguë, faite à la fois d'inégalité et de connivence[56]. Il faisait partie du tissu social africain et en maîtrisait les codes, développés pour certains lors de la colonisation.

Ainsi l'habitus du « développeur » était-il caractérisé par son inscription dans une pratique de l'aide au développement, une éthique de la solidarité et une proximité avec les partenaires. Il se distingue

[52] Entretien (diplomatie).

[53] Sur les agents du ministère de la Coopération, voir Meimon, *op. cit.*

[54] En 1998, sur 1 029 agents du ministère de la Coopération, 184 n'étaient pas titulaires de la fonction publique, essentiellement sur des postes de cadres. Cela correspond à près d'un tiers des emplois de cadre : à cette même date, il y avait 119 postes de titulaires et environ 180 détachés d'autres ministères (document préparatoire à la réforme – non publié).

[55] Le ministère gère également certains concours financiers qui constituent une part très significative de ses dépenses. Mais nous nous intéressons ici à ce qui fait le quotidien de l'organisation et alimente la culture de ses agents.

[56] Jean-Pierre Dozon, *Frères et sujets : la France et l'Afrique en perspective*, 2003.

clairement de l'habitus du « diplomate-culturel », caractérisé par une ouverture sur la culture et les sciences humaines, une éthique du rayonnement universel de la culture française, un souci de relations entre élites où chacun « reste à sa place ».

Pour conclure sur ce fossé culturel, il nous semble utile de développer les différences d'agendas entre ces deux structures à la veille de la réforme. En effet, la DGRCST comme le ministère de la Coopération étaient dans une dynamique d'évolution, correspondant à une modification incrémentale des cadres identitaires de toute organisation face aux changements du contexte dans lequel elles sont plongées[57]. La DGRCST faisait ainsi, depuis plusieurs années, l'objet de critiques sur son caractère bureaucratique et le manque d'adaptation de ses méthodes au nouveau contexte de la mondialisation[58] :

> « Juste avant la réforme, la Direction générale était dans une situation de tentative d'adaptation à la mondialisation. On avait des structures qui étaient héritées d'un temps révolu : il n'y avait plus les mêmes acteurs (tout le monde faisait de l'international), il n'y avait plus les mêmes vecteurs (importance de l'image, de la communication), et le champ du culturel s'était extraordinairement accru. Le dernier point qui bousculait la "DG", c'était le problème de l'Etat et du marché : par exemple, l'enseignement supérieur est devenu un marché. Donc la Direction générale était en recomposition complète à ce moment-là. Le directeur général avait cherché un mot pour synthétiser tout ça et il avait trouvé le mot de l'influence »[59].

Ainsi, les personnels de la DGRCST étaient-ils engagés dans un processus d'évolution vers une redéfinition du rôle de l'Etat dans

---

[57] Voir notamment Brunsson et Olsen, *op. cit.*, chap. 3 (*reform as routine*).

[58] Ces lacunes avaient par exemple été pointées en 1991 dans un rapport au premier ministre par le député Alain Vivien *(La rénovation de la coopération française*, voir p. 24 *sqq.*). Voir également « Les petites pannes de robinet de la coopération ; conventions internationales égarées, matériel perdu, accords non respectés : c'est le constat que dresse un rapport officiel au premier ministre », *Le Canard enchaîné*, 22 mai 1991.

[59] Entretien (diplomatie).

l'action culturelle. Il s'agissait de promouvoir une intervention moins directe, notamment par la mobilisation des nouvelles technologies[60].

A l'aube de la réforme, le ministère de la Coopération ne semblait pas être dans une dynamique d'évolution ou de remise en cause de son identité. Au contraire, soumis à toutes les critiques, « citadelle assiégée », il a peut-être été conduit à un resserrement autour du cœur de son identité. L'agenda, largement dicté par les enceintes internationales de débat sur l'aide au développement, est donc resté circonscrit à l'intérieur de ces limites cognitives. La préoccupation était, pour l'essentiel, de faire correspondre l'action de coopération française aux orientations défendues à l'échelle internationale, dans un souci de professionnalisation et d'efficacité de notre coopération.

LES FREINS A L'INSTITUTIONNALISATION DE LA NOUVELLE ORGANISATION

Ainsi, compte tenu des différences que nous avons décrites, la cristallisation au sein de la DGCID d'une identité commune pouvait-elle apparaître comme une gageure. Cette institutionnalisation de la nouvelle organisation autour de règles du jeu communes a connu concrètement plusieurs freins importants : rivalités, manque de connaissance mutuelle, enjeu identitaire de la réforme. Nous verrons qu'ils ont empêché la définition d'un projet collectif à même de constituer la base d'une identité nouvelle pour la DGCID.

Peu d'inter-connaissance – beaucoup de rivalités

La confrontation des deux cultures au sein de la DGCID apparaît, en premier lieu, comme la résultante des rivalités et du manque de connaissance réciproque entre les deux communautés professionnelles réunies dans le DGCID. Du côté des anciens du ministère de la Coopération, la diplomatie culturelle était assimilée à la diplomatie traditionnelle, et ses agents, aux diplomates. Les postes clés au sein de la DGRCST étaient d'ailleurs essentiellement occupés par des

[60] Pierre Brochand, *Le rôle de l'Etat dans l'action culturelle extérieure de la France*, 1996.

diplomates de carrière. Or, dans les pays du « champ », les anciennes missions de coopération et les ambassades étaient souvent en conflit plus ou moins ouvert. Les acteurs considéraient ainsi que les « diplomates »[61] ne comprenaient pas leur métier :

> « Les diplomates n'ont pas de vision à long terme des processus de changements sociaux que nécessite le développement »[62].
>
> « Il y avait une grande méconnaissance de ce qu'on faisait. Le Quai d'Orsay ne s'était jamais donné la peine de comprendre ce que nous faisions. Ils nous voyaient comme une énorme machine à dépenser du fric qui aurait pu être mieux employée ailleurs et en particulier mieux employée par eux. En réalité, l'aide au développement ne les intéresse pas ; on l'a bien vu depuis avec la DGCID, qui est devenue une sorte de renouveau de la DGRCST avec une dominante culturelle »[63].

Cette confrontation est également exprimée dans nos entretiens avec les agents de la diplomatie culturelle :

> « Je me heurte tout de suite avec des gens qui considèrent que je ne sais rien du développement, que je suis une espèce de type issu du Quai d'Orsay qui ignore tout des populations éprouvées. J'ai été obligé de me fâcher »[64].
>
> « Il y avait des "psychologies", des expériences de coopération qui se heurtaient. Et dans cette confrontation, il y en a qui avaient politiquement tort : ils [les agents du ministère de la Coopération] ne sont pas en mesure de prouver que ça a marché ».[65]
>
> « Le personnel de la coopération était de bonne qualité, sur pas mal de sujets il était de meilleure qualité que le personnel de la "DG". [...] Le seul problème c'est qu'il était trop spécialisé sur

---

[61] Aux côtés desquels est rangée la diplomatie culturelle.

[62] Entretien (coopération).

[63] Entretien (coopération).

[64] Entretien (diplomatie).

[65] Entretien (diplomatie).

une région géographique : ils voyaient tout par les yeux de l'Afrique francophone. Ils avaient un côté un peu "rétréci mentalement". [En plus,] personne ne parlait l'anglais ; ils étaient insortables dans une réunion internationale. Pour les nommer dans d'autres pays et faire du brassage, c'était très difficile de les nommer dans des pays non francophones »[66].

Ainsi, après la création de la DGCID, les deux entités tentent-elles de faire prévaloir, au sein de la nouvelle organisation, leurs valeurs, leurs visions de la coopération et de mettre en pratique l'habitus professionnel qui les caractérise. Cet enjeu se manifeste notamment vis-à-vis des nominations au sein de chaque direction, dont nous avons vu qu'elles étaient largement héritières des structures antérieures. Ainsi, un acteur de la coopération au développement décrit-il le déficit des agents nommés par le Quai, qui ne se comportent pas conformément à l'*habitus* de la Coopération :

> « On nomme à la DGCID des diplomates qui n'étaient pas candidats, pas du tout des gens qui ont la vocation et qui inscrivent ça dans une perspective de carrière. Ce ne sont pas forcément des gens désagréables, mais ce sont pas des gens qui sont inscrits dans des métiers de coopération au développement. [...] Ils n'ont pas cette fibre "développement" »[67].

L'enjeu identitaire touche aux modalités de la réforme

C'est également l'identité des deux communautés professionnelles elle-même qui nous semble avoir constitué le principal frein à l'institutionnalisation d'une nouvelle identité pour la DGCID. Les règles du jeu institutionnalisées au sein d'une organisation permettent en effet de réduire les coûts de la coopération entre ses membres, indispensables à la production de son activité[68]. Un acteur ne partageant pas ces règles du jeu formelles et informelles n'est donc

---

[66] Entretien (diplomatie).
[67] Entretien (coopération).
[68] Mach et Olsen, *op. cit.*, p. 21 *sqq*.

pas à même d'agir de façon coordonnée avec les membres de l'organisation. L'acquisition de ces règles du jeu constitue donc un « coût d'entrée » dans l'organisation.

Ce coût d'entrée nous semble expliquer l'absence de brassage entre directions au sein de la nouvelle DGCID : les agents recrutés devaient partager avec leurs collègues les prémices culturelles indispensables, sous peine de ne pouvoir atteindre leurs objectifs. Le « panachage » s'est ainsi réduit à la nomination de quelques diplomates de carrière[69] aux postes de responsabilité, notamment à la Direction du développement et de la coopération technique, qui, ne maîtrisant pas les codes de leurs subordonnés, ont connu des difficultés importantes dans les premières années qui ont suivi la fusion.

Cet enjeu identitaire a également eu des conséquences importantes sur les modalités de mise en place de la DGCID. Par exemple, la fusion des statuts des agents des deux ministères a connu une résistance importante de la part des responsables du MAE. En effet, elle conduisait à remettre en cause une partie du prestige de la diplomatie en la mélangeant à des corps d'extraction plus modeste issus de la coopération :

> « Globalement, il y a au Quai le sentiment que les Affaires étrangères, c'est mieux. Le sentiment qu'il n'y a qu'eux qui comptent. Pour tout dire un esprit de caste, y compris dans les corps de catégorie B et C »[70].

> « Il a été difficile de convaincre la DGA du MAE d'intégrer les agents de catégorie A+ dans le corps de conseillers des Affaires étrangères et de ministres plénipotentiaires. Ils récupéraient pourtant des postes qui ne leur coûtaient rien. Ils ont eu beaucoup de mal à admettre qu'on puisse intégrer les gens [de la coopération] au même niveau. L'intégration de quelques administrateurs civils (7 personnes) de la coopération dans le

---

69 Appartenant aux corps de conseiller des Affaires étrangères et de ministre plénipotentiaire.

70 Entretien (coopération).

corps des ministres plénipotentiaires semblait de l'ordre de l'impensable »[71].

Cette fusion statutaire a finalement eu lieu, permettant aux personnels de la coopération d'être intégrés dans de bonnes conditions. Mais cette décision a été prise au niveau politique pour garantir le bon déroulement de la réforme. Elle a été acceptée par les responsables administratifs des Affaires étrangères car elle leur garantissait un bénéfice de postes à redéployer sur d'autres secteurs à moyen terme[72].

Le regroupement sur un seul site constitue un autre exemple de l'entrave du processus de réforme par des freins qui relèvent de l'identité des organisations. Les services de la coopération étaient jusque-là localisés dans des bâtiments situés à proximité du 20, rue Monsieur. Ceux de la DGRCST étaient tous situés 244, boulevard Saint-Germain. Le regroupement rue Monsieur était techniquement possible et relativement facile, mais conduisait à une installation des anciens services de la DGRCST dans des locaux moins confortables et prestigieux. Le regroupement boulevard Saint-Germain aurait nécessité de déménager le ministère de l'Equipement et quelques-uns de ses services, ce qui était difficilement envisageable. Cette réforme pose des problèmes d'attachement de chacune des administrations à sa localisation traditionnelle :

> « Le ministre [de la Coopération] était réticent pour aller boulevard Saint-Germain pour des raisons de confort personnel. L'hôtel était luxueux, avec son jardin. En plus, c'était l'adresse traditionnelle »[73].
>
> « Le boulevard Saint-Germain était devenu un des emblèmes du Quai d'Orsay. Il ne fallait pas toucher à la majesté des Affaires étrangères »[74].

---

[71] Entretien (coopération).

[72] Du fait des nombreux agents de l'ancienne coopération qui devaient prendre leur retraite dans les années suivantes.

[73] Entretien (coopération).

[74] Entretien (coopération).

Ainsi, finalement, le regroupement se fait-il *a minima* : la Direction du développement et de la coopération technique de la DGCID, héritière de l'essentiel des services de la coopération, reste localisée rue Monsieur, à côté de l'hôtel du ministre délégué à la coopération ; les autres services de la DGCID, auxquels sont fusionnés leurs homologues de la coopération (culture, coopération scientifique, coordination géographique, gestion administrative, etc.), restent boulevard Saint-Germain. Cette absence de regroupement a constitué un frein à la formation d'une nouvelle identité pour la DGCID. Elle a même contribué à maintenir une séparation ferme entre les deux communautés professionnelles que nous avons décrites, qui n'avaient pas même à se croiser :

> « L'erreur magistrale, qui peut sembler minime à première vue, c'est de ne pas avoir rassemblé sur un seul site [la DGCID]. [...] On avait un ministre de la Coopération qui était là et qui était un ministre délégué, et des gens qui faisaient partie de la coopération auparavant et qui ne se sont pas sentis plus MAE qu'avant »[75].

> « La fusion des cultures nécessite du temps. Les mentalités évoluent beaucoup plus lentement que les structures. Pour créer un sentiment d'unité, nous voulions regrouper tout le monde, y compris le ministre, boulevard Saint-Germain. Le ministre [des Affaires étrangères] s'y est opposé : "Si on met tout le monde dans un même bâtiment, la DGCID sera trop puissante par rapport au Quai" »[76].

Quel projet commun ?

Mais la difficulté d'institutionnalisation de cette nouvelle organisation se heurte d'abord à l'absence de projet commun autour duquel pourrait se former une nouvelle identité. Nous retrouvons, là encore, l'ambiguïté de l'accord consensuel autour de la mise sur agenda de la réforme : ses promoteurs n'ont pas donné de solution à la

---

[75] Entretien (coopération).

[76] Entretien (diplomatie).

coexistence de deux référentiels de politique publique pour la coopération au développement divergents au sein de la DGCID. Dans les premiers mois de la DGCID, un « projet d'entreprise » fut élaboré. Il s'agissait précisément de « refonder le dispositif du ministère des Affaires étrangères en matière de coopération internationale et de développement ». Ce chantier a mobilisé les personnels au cours d'une longue concertation. Mais en l'absence d'un projet politique consistant, le document ne fut, en définitive, que la juxtaposition de projets de directions, hérités assez largement des agendas des anciennes structures. Le document, qui ne permettait pas de créer cette identité commune qui manquait à la DGCID, ne fut finalement publié que sous la forme d'un résumé édulcoré de quelques pages[77].

De même, deux slogans furent mobilisés, à partir de l'été 2000, pour tenter de créer un cadre unificateur : le concept de « coopération internationale » et la définition de deux valeurs clés au sein de la DGCID (« solidarité et influence »). Mais sans contenu ou sans réelle doctrine suffisamment partagée pour être légitime, ces initiatives n'ont pas marqué d'évolution de la culture des personnels de la DGCID. Deux citations d'acteurs peuvent rendre compte de ces divergences :

> « Derrière la création de la DGCID, on veut inventer un concept de "coopération internationale" hors de la logique Nord-Sud »[78].

> « Le MAE n'a pas vu qu'ils avaient entre les mains les outils modernes d'une diplomatie moderne conjuguant influence et solidarité. C'est-à-dire la captation des élites mondiales sur les valeurs de la France mais qui doit s'accompagner de réalisations concrètes sur le terrain »[79].

---

[77] Ministère des Affaires étrangères, *La DGCID : au ministère des Affaires étrangères, le projet de la DGCID*,12 p.

[78] Entretien (coopération).

[79] Entretien (diplomatie).

Au contraire, en nommant les différences fondamentales entre les deux approches de la coopération[80], elles ont sans doute contribué à renforcer le face-à-face entre les deux communautés professionnelles. En effet, aucune des tentatives de rapprochement n'a réussi, et les deux communautés professionnelles sont restées en place. Cet échec de la « fusion des cultures » met à nouveau en lumière l'importance des médiateurs, qui n'ont pas existé ici, pour faire évoluer les cadres cognitifs des acteurs dans une situation de changement de politiques publiques[81]. Du fait de l'inertie de l'activité administrative, elles ont par ailleurs poursuivi leur tâche assez largement « comme avant ». Au sens de March et Olsen, il est donc resté deux organisations institutionnalisées distinctes au sein de la DGCID, respectivement dédiées à la diplomatie culturelle et à la coopération au développement[82].

La mise en place de la nouvelle Loi d'orientation relative aux lois de finances (LOLF)[83] a été l'occasion d'une certaine formalisation de cette coexistence de deux logiques différentes au sein de la DGCID. Alors que les responsables de la DGCID et le cabinet du ministre étaient favorables à la création d'un programme[84] spécifique à la DGCID de « coopération internationale », les responsables de la coopération technique au sein de la DGCID comme de la direction du Trésor étaient au contraire partisans de la création d'une mission interministérielle

---

[80] La coopération au développement, appuyée sur des valeurs de solidarité, et la diplomatie culturelle, sur des valeurs universalistes de promotion de la culture française, au service de l'influence de la France.

[81] Muller, 2005, *op. cit.*

[82] Le clivage ne nous semble pas être réductible à la structure de l'organigramme. En effet, outre la Direction du développement et de la coopération technique, plusieurs bureaux de la direction de la stratégie, de la programmation et de l'évaluation ainsi que les missions pour la coopération non gouvernementale et multilatérale nous semblent relever, assez largement, d'une activité de coopération au développement, dans la continuité de l'ancien ministère de la Coopération.

[83] Loi n° 2001-692 du 1er août 2001.

[84] La LOLF prévoit la présentation du budget de l'Etat en mission, puis en programmes et actions.

spécifique pour l'aide au développement, dans laquelle s'insèreraient les actions de coopération au développement de la DGCID. Un arbitrage du premier ministre a finalement entériné, en 2003, la séparation des activités de la DGCID au sein de deux missions distinctes : le programme « Rayonnement culturel et scientifique » au sein de la mission « Action extérieure de l'Etat » du ministère des Affaires étrangères et le programme « Solidarité à l'égard des pays en développement » au sein de la mission interministérielle « Aide publique au développement »[85].

[85] Il convient toutefois de noter que le « programme de solidarité avec les pays en développement » géré par la DGCID intègre également les actions de coopération culturelle au sens large destinées aux pays en développement. Cet épisode montre également l'existence d'un secteur de l'aide publique au développement au niveau interministériel en cours de renforcement sous l'effet de la réforme (création du CICID). La diplomatie semble, dans un premier temps, ne pas avoir saisi son importance, comme nous le verrons dans la conclusion de cet ouvrage.

- IV -

Devenir de la coopération au développement au sein de la DGCID

Nous avons développé dans ce quatrième chapitre, comment la logique bureaucratique et l'enjeu identitaire de la fusion ont empêché tout changement important, à court terme, au sein de la DGCID. Il en a résulté un clivage entre deux approches différentes et institutionnalisées dans la Direction générale. Mais si ces logiques internes aux organisations ont fortement contraint le changement, conformément aux analyses en termes de dépendance au sentier, celui-ci a pourtant été très significatif. Ainsi, la coopération au développement a progressivement été marginalisée au sein de la DGCID, jusqu'au terme de la période que nous étudions. Cette évolution nous semble liée aux disparités de pouvoir et de légitimité entre les deux logiques concurrentes institutionnalisées au sein de la DGCID (« solidarité » et « influence »).

Dans ce point, nous verrons premièrement que l'allocation du pouvoir, déterminée par les institutions formelles, a été largement défavorable à la logique de solidarité, qui manquait de légitimité au sein du Quai d'Orsay. L'évolution incrémentale de l'activité de la DGCID a donc conduit à une réduction importante des moyens humains et financiers de la coopération au développement, aboutissant à un relatif démantèlement de l'héritage du ministère de la Coopération.

LE POUVOIR DE LA DIPLOMATIE SUR LA COOPERATION

Le fonctionnement bureaucratique est caractérisé par une organisation rationnelle et hiérarchisée. La réforme de la coopération et le rapprochement des ministères de la Coopération et des Affaires étrangères ont conduit à une réorganisation de la chaîne hiérarchique et à une répartition nouvelle des compétences entre le ministre des Affaires étrangères et le ministre délégué à la Coopération. La suppression de l'autonomie administrative de la Coopération s'est traduite par son intégration au dispositif des Affaires étrangères, dirigé par les diplomates. Malgré l'emploi d'euphémismes comme « rapprochement » ou même « fusion », c'est bien de l'absorption du ministère de la Coopération par celui des Affaires étrangères qu'il s'agissait. Cette tutelle a eu des effets majeurs sur la répartition des moyens au sein de la DGCID et, plus largement, du MAE.

Conformément à la pratique usuelle dans l'organisation de l'administration centrale des ministères, les ministres délégués n'ont pas une totale autorité sur les administrations. La tutelle politique de l'administration revient généralement au ministre de plein exercice. Ainsi, le décret d'attributions du ministre délégué à la coopération[86] lui permettait-il seulement de « disposer » de l'administration du ministère des Affaires étrangères, sans avoir une autorité particulière sur la DGCID. Ses compétences étaient donc essentiellement fonctionnelles, par exemple comme ordonnateur délégué du Fonds d'aide et de coopération. Les règles du jeu formelles ont ainsi confié le pouvoir d'administrer la DGCID au ministre des Affaires étrangères. Les rapports de forces politiques déséquilibrés entre Hubert Vedrine, personnage de premier plan depuis de nombreuses années, et Charles Josselin, peu au fait des questions internationales préalablement à sa nomination, ont permis un exercice relativement hégémonique de cette prérogative.

Une fois créée, l'organisation de la DGCID, son budget et les affectations des responsables ont donc été décidés par la Direction générale de l'administration du MAE (DGA) et arbitrés par le cabinet du Quai d'Orsay. La DGA, dont les responsables sont des diplomates de carrière, disposait en effet d'un rôle central dans l'affectation et la mobilisation des moyens. La réforme lui a en outre transféré la gestion des personnels du réseau de coopération qui s'ajoutait à sa compétence dans la préparation du budget et de la programmation de son exécution.

---

[86] Décret n° 98-175 du 16 mars 1998 relatif aux attributions déléguées au ministre délégué à la coopération et à la francophonie.

La DGA a ainsi disposé d'un pouvoir important sur la DGCID. Dans le cadre de la réforme, elle a poursuivi un objectif explicite de réallocation des moyens hérités du ministère de la Coopération vers d'autres domaines de l'activité du MAE déficitaire, comme les services consulaires. Pour un cadre de la DGCID :

> « Il y a eu une deuxième fusion : celle des moyens administratifs. Là, c'est objectif que le Quai a attendu la manne et pendant trois ou quatre ans a absorbé des moyens au profit de son propre dispositif. Ça concerne les postes budgétaires et les moyens de fonctionnement »[87].

Ce pouvoir de la diplomatie sur la coopération au développement s'est traduit par exemple dans la fusion des modalités de gestion de l'assistance technique. Les assistants techniques du ministère de la Coopération relevaient d'une réglementation spécifique, réformée profondément en 1992. Au ministère des Affaires étrangères, les coopérants étaient régis comme l'ensemble des contrats à l'expatriation des agents du ministère, à commencer par les diplomates, par un décret de 1967. Les responsables de la DGCID ainsi que le rapport de mission établi par Jean Nemo en 2000[88] proposaient un alignement sur le décret de 1992, moins coûteux et permettant un régime de rémunération plus conforme à la mission des assistants techniques. Mais deux freins s'opposaient à une telle solution du côté de la diplomatie : la volonté de ne pas toucher au décret de 1967, correspondant à une niche fiscale avantageuse pour tous les agents du MAE, et la nécessité de maintenir un statut protecteur aux nombreux coopérants du réseau de coopération culturelle dont l'emploi n'était pas lié à une action de coopération, mais de nature relativement pérenne (« faux nez »[89]). L'alignement se fit finalement par le haut, sur le décret de 1967.

---

[87] Entretien.

[88] *Les appuis en personnels dans les actions de coopération, de l'assistance technique à de nouvelles modalités de coopération dans le cadre de la réforme.*

[89] Entretien.

La DGA avait également la responsabilité de la préparation et de l'exécution des lois de finances pour l'ensemble du MAE. Pour préserver les crédits de fonctionnement de l'ensemble du ministère, les crédits inscrits en loi de finance pour les activités de coopération au développement ont ainsi eu tendance à se réduire, comme nous le verrons dans le point suivant. De la même façon, dans l'exécution budgétaire, de fréquentes mesures de régulation ont été appliquées aux crédits de coopération de la DGCID, qui s'est vue davantage « taxée » que les autres centres de coûts. Nous verrons, en conclusion, les conséquences très importantes qu'a pu avoir cette incertitude au niveau des ressources disponibles pour la mise en œuvre de la coopération de la DGCID.

LE MANQUE DE LEGITIMITE DE LA LOGIQUE DEVELOPPEMENTALISTE AU SEIN DU QUAI D'ORSAY

Ainsi, la coopération au développement, qui avait gardé une certaine autonomie organisationnelle et conservé une large part de son identité au sein de la DGCID, a été placée sous l'autorité de la diplomatie. Cette autorité a été majoritairement utilisée pour favoriser sa marginalisation, du fait, selon nous, du manque de légitimité de la logique de « solidarité », dont étaient porteurs les « développeurs ». En effet, le référentiel développementaliste porté par la communauté professionnelle issue du ministère de la Coopération n'était pas compatible avec le cadre cognitif dans laquelle la diplomatie pouvait inscrire son action, correspondant au référentiel de la politique étrangère globale du Quai d'Orsay. Cette incompatibilité tenait peut-être également aux anciennes rivalités ayant prévalu entre coopération et diplomatie en Afrique subsaharienne.

Ainsi, les anciens cadres du ministère de la Coopération insistent sur l'incapacité de la diplomatie à comprendre leur logique et leur action :

> « Le Quai n'a pas compris que la force de la coopération, c'était la diversité des origines des personnels qui y exerçaient »[90].

> « Le MAE ne comprenait pas la notion de mise à disposition de l'assistance technique. Il imaginait l'assistance technique à absorber exactement comme celle qu'ils faisaient eux-mêmes. C'est-à-dire une coopération de confort pour un certain nombre de pays où on se fait plaisir en ayant des gens censés maintenir l'influence de la France ou bien des gens qui sont des "faux nez" d'un certain nombre de services français. C'était une position de défense corporatiste du décret de 1967 »[91].

> « Le MAE profondément ne comprend pas les questions d'APD. C'est l'échec de la réforme de 1998. Il y a quelques personnes, individuellement, qui le comprennent, mais le système ne comprend pas ce que c'est. [...] Le MAE et l'ancienne "DG" n'ont jamais [réellement] fait de coopération. [...] Ils se sont lancés dans l'élaboration d'un guide des métiers du ministère des Affaires étrangères. Dans la première version, on décrivait les fonctions de chef de projet. Vous tombiez des nues. [...] Il y avait toute une série de choses qui étaient absolument sidérantes d'analphabétisme »[92].

Du côté du Quai d'Orsay, les méthodes et les « mentalités » de ceux que nous avons appelés les « développeurs » étaient jugées dépassées. La coopération au développement devait être largement mise au service de l'influence de la France à l'étranger, et donc de l'action diplomatique, tout comme la coopération culturelle :

> « Il y a toujours un esprit "vieille coop" qui traîne. Il faut que 25 % des projets leur permettent de faire des missions. Même si

---

[90] Entretien (coopération).

[91] Entretien (coopération).

[92] Entretien (coopération).

on leur colle 25 % de jeunes diplomates dynamiques, c'est suffisant pour faire traîner les choses »[93].

« On souhaitait ne pas engloutir tous les moyens dont on allait disposer dans le développement, dans l'ancienne coop »[94].

Certains diplomates, cadres de la DGCID, regrettent ce manque d'appropriation de la coopération par la diplomatie :

« Le vrai combat avait pour objet l'appropriation de la réforme par le ministère. Par exemple, aux rencontres du réseau, véritable "salon de l'agriculture" de la coopération, il n'y avait aucun diplomate qui venait, de peur d'y perdre leur temps. La coopération n'est pas considérée comme une chose noble chez nous »[95].

« Pour moi, les choses sont tout à fait claires depuis le début : le ministère des Affaires étrangères n'a pas compris. Il a fusionné le ministère de la Coopération avec la Direction générale des relations culturelles, scientifiques et techniques. Il n'a pas fusionné le ministère de la Coopération avec le ministère des Affaires étrangères. C'est-à-dire qu'il n'a pas saisi l'occasion de l'arrivée d'une compétence pour se redéfinir lui-même en tant qu'acteur. S'il l'avait fait, il aurait sérieusement modifié la direction des Nations unies et des organisations internationales, la direction des Affaires économiques et même la direction des Affaires européennes. [...] C'est un peu la faute à tout le monde [au MAE]. Il aurait fallu remettre beaucoup de choses en cause »[96].

[93] Entretien (diplomatie).
[94] Entretien – cadre ministère des Affaires étrangères.
[95] Entretien.
[96] Entretien.

Le résultat de ce processus a été le transfert de moyens vers la coopération culturelle. L'ancien fonctionnement entre diplomatie et coopération culturelle est resté structurant des modalités de l'exercice de l'autorité du MAE sur la DGCID :

> « Tout de suite, le Quai a eu tendance à se raccrocher à ce qu'il savait faire. Les diplomates étaient plus confortables là-dedans »[97].
>
> « Les choses ont été très vite. Par la dispersion des agents, une volonté du Quai d'Orsay au nom du panachage de prendre un certain nombre de leviers de commandes, par le désintérêt du politique et même des directeurs de la DGCID. [...] C'est la mécanique de l'ancienne DGRCST qui a pris le dessus »[98].
>
> « Il fallait introduire une dimension supplémentaire avec le développement, mais ça ne changeait pas grand-chose. [...] Si la semaine prochaine à Beaubourg s'ouvre une grande exposition sur l'art contemporain africain où va défiler tout le monde culturel européen, c'est grâce à cette logique [de modernité]. On est enfin sorti de cette logique où l'on montre l'art primitif africain et les indigènes qui faisaient partie de nos colonies, etc., pour avoir une logique de coopération culturelle [en Afrique], la même que celle que l'on a eue avec l'ensemble des pays »[99].

LA MARGINALISATION PROGRESSIVE DES « DEVELOPPEURS »

L'érosion des moyens d'intervention

Ainsi, malgré la relativement courte période d'activité de la DGCID étudiée (1999-2004), nous pouvons observer une modification sensible et incrémentale de son activité. Entre 1999 et 2004, les crédits d'intervention de la DGCID concourant à l'aide publique au développement, dont une partie concerne la coopération culturelle avec

---

[97] Entretien (coopération). Ce fut également le cas pour les anciens agents du ministère de la Coopération.

[98] Entretien (coopération).

[99] Entretien.

les pays en voie de développement, ont chuté de 10 %, et leur part dans les interventions de la DGCID inscrite au chapitre 42-15 du budget de l'Etat est passée de 78 à 71 %. Cette réduction des crédits alloués à la coopération au développement relativement à ceux destinés à la diplomatie culturelle a principalement été enregistrée dans les trois premières années de fonctionnement de la DGCID durant lesquelles les interventions relevant de l'aide au développement ont chuté de 15 % (tableau 2).

Millions d'euros	1999	2000	2001	2002	2003	2004
Crédits d'intervention concourant à l'aide publique au développement[100]	430	398	390	359	373	367
Part des crédits d'intervention[101]	78 %	72 %	74 %	69 %	70 %	71 %

Tableau 2 : Evolution des crédits d'intervention de la DGCID[102]

Mais la baisse a été beaucoup plus importante sur les crédits du fonds de solidarité prioritaire[103] qui a perdu près de 35 % en termes d'autorisations de programme et 25 % en crédits de paiements entre 2000 et 2002. Ce fonds réservé à la zone de solidarité prioritaire finançait essentiellement des programmes de coopération au développement[104]. L'écart important entre le volume des autorisations de programme[105] et les crédits de paiement a conduit à la cessation de paiement du fonds de solidarité prioritaire en 2003, faute de pouvoir

[100] Crédits du chapitre 42-15 « Coopération internationale au développement » concourant à l'aide publique au développement, en millions d'euros (sources : jaunes budgétaires).

[101] Chapitre 42-15 « Coopération internationale au développement » (sources : bleus budgétaires).

[102] Source : direction du budget, disponible en ligne sur www.minefi.gouv.fr

[103] Nouveau nom du Fonds d'aide et de coopération (FAC) à partir de 2000.

[104] En 2003, près de 60 % des projets financés par le FSP relèvent de la coopération au développement (document MAE).

[105] Il s'agit des autorisations pluriannuelles d'engagement de crédits pour financer un projet de coopération, permettant de s'affranchir en partie de l'annualité budgétaire.

honorer les engagements pris avec le volume de crédits de paiement disponibles[106].

D'un point de vue thématique, entre 1997 et 2000, la proportion d'engagements du Fonds d'aide et de coopération dans le secteur culturel au sens large (culture, information, recherche et francophonie) a doublé pour passer de 21 % au ministère de la Coopération à plus de 42 %. Cette croissance s'est faite au détriment des actions dans les secteurs du développement social (éducation et santé), ainsi que dans le secteur du développement institutionnel[107].

Millions d'euros	2000	2001	2002	2003	2004
Crédits de paiement	148,18	116,25	112,20	112,00	140,00
Autorisations de programme	230,19	174,94	150,16	190,00	171,00

Tableau 3 : Evolution des crédits du fonds de solidarité prioritaire[108]

Dans le même temps, l'assistance technique, qui représentait un outil traditionnel important de l'ancien ministère de la Coopération, a connu une déflation considérable passant de plus de 4 000 assistants techniques en 1999 dans la zone de solidarité prioritaire, essentiellement hérités de l'ancien ministère de la Coopération, à moins de 2 000 en juillet 2003 (tableau 4).

	1999	2000	2001	2002	2003	2004
Effectif d'assistance technique	4 077	4 297	2 641	2 234	1 984	2 062

Tableau 4 : Evolution des effectifs d'assistance technique dans la zone de solidarité prioritaire[109]

---

[106] Cet aspect sera développé en conclusion.

[107] Alain Barrau, *Rapport d'information déposé par la commission des finances, de l'économie générale et du plan de l'Assemblée nationale sur la réforme de la coopération*, 2001, p. 71.

[108] Source : bleus budgétaires, direction du budget, disponible en ligne sur www.minefi.gouv.fr

On peut noter que les années 2003 et 2004, après l'alternance de 2002, semblent avoir correspondu à un arrêt de la tendance à l'érosion des moyens. La nouvelle majorité, et singulièrement le chef de l'Etat, ont, en effet, fait de la coopération au développement un secteur prioritaire et relativement protégé face aux aléas budgétaires. Mais la réduction des crédits de coopération au développement enregistrée depuis 1997 n'a pas réellement été enrayée.

L'érosion des ressources humaines

En parallèle à cette baisse des budgets d'intervention, la Direction de la coopération technique a également perdu, de façon beaucoup plus importante, des postes budgétaires en administration centrale et dans les nouveaux services de coopération et d'action culturelle des ambassades[110]. Les perspectives de carrière des agents de l'ancien ministère de la Coopération dans le nouveau dispositif, notamment ceux ayant des profils techniques, se sont ainsi réduites de façon considérable[111]. Collectivement, la situation a été vécue de façon difficile :

> « [Les personnels de la coopération] étaient dans un contexte de grande fragilité. A cette époque tout était en cause : les moyens qu'on y mettait, les modes de coopération, la question du bilatéral par rapport au multilatéral. [...] Il y a eu tout de suite le sentiment, de la part de la coopération, qu'elle allait être mangée, qu'on allait la prendre et qu'on n'allait pas respecter ni ses traditions, ni sa culture »[112].

---

[109] Hors lycées français. Source : jaunes budgétaires, direction du budget, disponible en ligne sur www.minefi.gouv.fr

[110] Entretiens ; voir également Chafer, 2005, *op. cit.*, p. 19. Avant la mise en place de la LOLF en 2006, il n'existait pas de données publiques sur cette question.

[111] Guy Penne, Paulette Brisepierre, André Dulait, *Rapport d'information fait au nom de la commission des Affaires étrangères, de la défense et des forces armées du Sénat sur la réforme de la coopération*, 2001, p. 22.

[112] Entretien.

« La crainte de la maison et de ces personnels était de se faire purement et simplement avaler par le Quai d'Orsay et de voir sa spécificité niée »[113].

Or, le ministère de la Coopération s'était progressivement constitué un vivier de spécialistes, fonctionnaires détachés et contractuels, lui permettant de disposer d'une expertise interne reconnue. Cette gestion des ressources humaines était largement basée sur des mécanismes informels de cooptation, dans le cadre de contrats à durée déterminée pour les agents non titulaires de la fonction publique ou de détachement, renouvelés périodiquement, pour les fonctionnaires originaires d'autres administrations. Progressivement, une partie importante de ces personnels a quitté le dispositif à la fin d'un contrat d'assistance technique ou d'un détachement. L'AFD, qui présentait pour les techniciens du développement des perspectives de carrières renforcées après la réforme, a débauché les cadres les plus qualifiés[114]. Ainsi, l'expertise de la DGCID en matière de coopération au développement s'est progressivement amenuisée :

« Il y a eu une résorption de la compétence technique sectorielle, qui implique à la fois une qualification et une expérience de terrain. [...] Sur les dossiers techniques, il n'y a plus de répondant à la DCT »[115].

« C'est dommage car, dans toute réforme, il y a forcément une déperdition. Il y avait, au ministère de la Coopération, des personnels professionnels dans l'aide au développement d'une extraordinaire compétence. Ces gens ont bien compris qu'ils perdraient leur job. [...] C'était des passionnés »[116].

Ce mouvement ne s'est pas fait mécaniquement. Les développeurs ont en effet mis beaucoup d'énergie pour convaincre de leur qualité et

---

[113] Entretien (coopération).

[114] Ce mouvement avait commencé au début des années quatre-vingt-dix pour les experts du développement économique et des infrastructures (entretiens).

[115] Entretien (diplomatie).

[116] Entretien.

de leur utilité. Progressivement s'est constitué l'embryon d'une expertise vers les nouveaux pays de la ZSP, hors d'Afrique. La productivité de la Direction de la coopération technique s'est même maintenue autant que possible, au risque de s'attirer la jalousie des autres secteurs de la Direction générale[117]. Mais, globalement, le vivier de ressources humaines constitué par le ministère de la Coopération s'est largement réduit. Certains acteurs de ce ministère considèrent qu'il s'agit là d'un démantèlement :

> « Aujourd'hui, le ministère de la Coopération est mort et avec lui une certaine forme de coopération. C'est très difficile à vivre. La disparition c'est toujours la négation de ce que vous êtes et de ce que vous avez fait. Ça l'était d'autant plus qu'on avait le sentiment, vérifié par la suite, que le Quai d'Orsay se désintéressait de l'aide au développement et de l'Afrique. Les gens ont eu le sentiment qu'on les passait par pertes et profits »[118].

> « Si la fusion s'est déroulée sans drames, elle a conduit à faire disparaître l'héritage technique de l'ancienne coopération »[119].

---

[117] Entretien.

[118] Entretien (coopération).

[119] Jean Nemo, 2005, *op. cit.*, IV-C.

- *V* -

L'échec de la fusion ?

Nous avons développé dans ce quatrième chapitre comment la répartition du pouvoir, médiatisée par les règles du jeu formelles et informelles, a conduit à une marginalisation de la coopération au développement menée selon une logique de « solidarité » au sein de la Direction générale de la coopération internationale et du développement :

> « [Il n'y a eu] aucun changement de mentalité au MAE, qui considérait que le développement était la cinquième roue du carrosse. [A la Direction du développement et de la coopération technique], nous sommes restés des anciens combattants. Il faut reconnaître que les gens qui ont servi le ministère du Développement avaient un certain idéal, ce qui ne se remet pas en cause facilement. On a vu peu de diplomates venir travailler ici. [...] La citadelle coopération est restée dans ses murs, avec une autre appellation, et a continué comme auparavant. Donc la réforme portait en germe dès le départ son échec »[120].

> « Il n'y a qu'un endroit où, pour l'instant, la réforme n'a pas totalement bien marché : on n'a pas pu empêcher le ministère des Affaires étrangères de créer une grande Direction générale du développement, qui s'appelle la DGCID. Je plaidais à l'époque que c'était une bêtise de traiter dans la même direction la coopération avec l'Allemagne et celle avec les pays les plus pauvres. Pour des raisons administratives, ils ont décidé de le

---

[120] Entretien (coopération).

faire. Il faudra quelques années pour qu'ils y renoncent, et ce qui est en train de se passer va dans ce sens »[121].

Nous nous proposons, en conclusion de ce chapitre, de nous pencher sur l'évaluation qui peut être faite de ce changement. En effet, au cours de nos entretiens, de nombreux acteurs sans distinction de rattachement organisationnel ont évoqué « l'échec de la fusion ». Mais pour qui est cet « échec » et par rapport à quels objectifs ?

Il est nécessaire, tout d'abord, de souligner la très remarquable prouesse d'ingénierie administrative qu'a représenté la conduite d'une telle fusion dans un délai aussi court. En quelques mois, un nouvel organigramme a été défini, le profil des postes de tous les agents, décrit, le statut des corps du ministère des Affaires étrangères, réformé, la localisation des services, réorganisée et le déménagement, effectué, etc. Mais, plus encore, la nouvelle structure a fonctionné à plein rendement dès la première année[122]. La réforme des instruments de la DGCID a également été conduite en quelques années : réforme des agences de mise en œuvre de la coopération culturelle, du Fonds d'aide et de coopération, réforme comptable, réforme de l'assistance technique. Cette dynamique de réforme tient sans doute à la fois au volontarisme politique qui s'est poursuivi pour faire passer les décisions au niveau ministériel et interministériel[123] et à sa conduite par des acteurs particulièrement habiles. Il s'agissait de faire rapidement une réforme irréversible. Dans une large mesure, ce pari a été réussi :

« Nous voulions trouver un système pour éviter de revivre ce qu'on avait vécu en 86, c'est-à-dire le démantèlement en

---

[121] Entretien (groupe de travail *ad hoc*).

[122] La consommation des crédits (presque 100 % pour la DGCID dans sa première année de fonctionnement) est généralement considérée par les acteurs administratifs comme un indice de performance et de productivité de référence.

[123] Même si les acteurs notent le désengagement de l'impulsion du cabinet du premier ministre sur la mise en œuvre de la réforme, il a toutefois été amené à jouer un rôle dans l'arbitrage de certaines décisions ou la concrétisation des actes réglementaires nécessaires.

quelques heures de ce qu'on avait fait. Donc il fallait créer l'irréversibilité [de la réforme] »[124].

Cette fusion a également produit un certain nombre d'effets positifs inattendus, sur lesquels insistent souvent les analyses de l'action publique en termes de « mise en œuvre »[125]. La réforme de la coopération au développement a notamment nourri la réforme de la coopération culturelle. La fusion a en effet apporté à ce secteur des outils et des méthodes dont elle ne disposait pas. Elle a également permis à la coopération culturelle de se développer sur le continent africain. Elle a conduit, par un processus d'apprentissage, à la poursuite du processus « d'adaptation à la mondialisation » qui était déjà en cours :

> « Il y a eu des outils synergiques. Sur le plan purement culturel, l'apport du programme "Afrique en création", c'est-à-dire la compréhension que l'action culturelle doit être un élément d'accueil de la culture étrangère et pas seulement d'exposition [de la culture française]. Cette conception a été beaucoup plus forte grâce à l'Afrique »[126].
>
> « La "DG" a beaucoup gagné. D'abord, le continent africain est un continent où il y a une culture, où il y a des coopérations scientifiques à mener. Donc, c'est bien que ce type d'action moderne puisse être étendu au continent africain. Et je pense que l'aide au développement peut globalement y gagner par l'approche de nouvelles méthodes et de nouvelles façons de fonctionner »[127].

Les effets de la fusion peuvent également être évalués à l'aune du paradigme bureaucratique. Nous avons développé dans ce chapitre la forte inertie institutionnelle qui a caractérisé la DGCID au début de son

[124] Entretien.
[125] Presmann et Wildavsky, *op. cit.*
[126] Entretien.
[127] Entretien.

fonctionnement : stabilité de l'activité, coexistence persistante de deux cultures administratives tranchées en son sein. Pourtant, de façon incrémentale, la coopération au développement et les personnels qui la portaient, en conformité avec la logique héritée du ministère de la Coopération, ont été marginalisés. Mais la période que nous étudions n'est pas assez longue pour que cette évolution incrémentale ait abouti à la disparition totale des personnels porteurs de la culture de l'ancien ministère de la Coopération ou du type d'action qu'ils privilégient.

Cette évolution n'est pas celle qui était défendue, lors de sa préparation, par les promoteurs d'une réforme équilibrée entre « solidarité et influence » comme les responsables de la DGCID ou, dans une certaine mesure, les conseillers du premier ministre ou les cadres de la direction du Trésor. Mais cette marginalisation de la coopération au développement au profit d'actions plus au service de la diplomatie française correspond à l'intérêt du Quai d'Orsay « traditionnel ». Ainsi, les modalités de création de la DGCID et son évolution tout au long de la période étudiée peuvent-elles être vues comme un succès pour la diplomatie.

Conclusion

La portée d'une réforme

Après avoir développé, dans le premier chapitre, la genèse des politiques de coopération au développement et les trois référentiels de politique publique qui en ont découlé, nous avons explicité, dans le second chapitre, les principaux mécanismes ayant assuré la stabilité de ces politiques depuis les années soixante et le caractère ambigu, voire contradictoire, du consensus apparu au milieu des années quatre-vingt-dix autour de la nécessité d'une réforme de la coopération. Les chapitres trois et quatre nous ont conduit à expliciter les modalités de préparation et de mise en œuvre de la réforme en montrant comment, d'une part, l'ouverture d'une fenêtre d'opportunité politique a pu déboucher sur le lancement d'une réforme et comment, d'autre part, les changements observés après la création de la DGCID s'expliquent par la reconfiguration des relations de pouvoir entre les acteurs, médiatisés par les institutions en place.

Pour conclure cet ouvrage, nous chercherons à évaluer la portée de la réforme de la coopération de 1998 : quel a pu être son impact sur la politique de coopération et que nous apprend-elle en matière de réforme de l'Etat ? Même si l'élargissement de la focale rend plus difficile l'isolement des changements induits par la réforme, dans un champ d'étude en permanente évolution, il nous semble tout de même possible.

Dans un premier temps, nous montrerons comment la réforme de 1998 a pu constituer une « rupture de pente » dans l'évolution du paysage institutionnel de la coopération : du système organisationnel décrit au chapitre 2 comme en équilibre sous l'effet des mécanismes de frein et contrepoids existants, on est passé à une dynamique de transfert de la mise en œuvre vers « l'opérateur pivot » de la coopération française. Nous ferons, ensuite, le bilan de cette réforme de l'Etat, sur laquelle a finalement débouché, presque malgré elle, la réforme de la coopération. Dans un troisième temps, nous identifierons les limites de ce processus de réforme de la politique de coopération pour conclure, enfin, sur les angles morts de la réforme et les tensions actuelles dans le dispositif de coopération.

DE LA REFORME A SES EFFETS : LA CONSTRUCTION PROGRESSIVE D'UN NOUVEAU PAYSAGE INSTITUTIONNEL

Notre analyse de la création de la DGCID au chapitre précédent s'est centrée sur les dynamiques internes au ministère des Affaires étrangères, dont nous avons vu qu'elles conduisaient à la marginalisation progressive de la logique de « solidarité » au profit d'une instrumentalisation de la coopération au développement au service de la diplomatie et de l'influence de la France dans le monde. Nous allons, dans ce premier point, évoquer les suites de la réforme de 1998, à l'échelle de l'ensemble du secteur de la politique d'aide publique au développement. Nous verrons que l'équilibre des forces entre les différentes institutions s'est progressivement déplacé, au profit d'un renforcement de l'AFD comme « acteur pivot ».

Le renforcement de l'Agence française de développement

Au début des années quatre-vingt-dix, la crise de la dette a conduit la France à décider une annulation de la dette bilatérale des pays du « champ » et à renoncer à l'octroi de nouveaux prêts aux Etats dans les pays les plus pauvres (pays les moins avancés). Cette initiative, décidée quasi unilatéralement par le président de la République, a été annoncée au sommet de La Baule. La « Caisse », qui fournissait l'essentiel de ses prêts aux pays francophones africains, a ainsi été coupée de son marché. La crise des économies africaines a amplifié ce phénomène en réduisant le potentiel de projets bancables pouvant être financés au profit du secteur privé. Les faibles volumes de subventions dont la mise en œuvre lui a été déléguée par l'Etat depuis le sommet de La Baule n'ont pas suffi à compenser ce « trou d'air » dans son activité. En outre, soucieuse de préserver son indépendance par rapport au pouvoir politique, la CFD souhaitait rester cantonnée dans son métier de base : le financement à crédit de projets de développement rentables. Ainsi, au milieu des années quatre-vingt-dix, la Caisse française de développement est en crise.

Pourtant, comme nous l'avons vu, lors de la préparation de la réforme de 1998, il a été décidé de ne pas toucher à la « Caisse », comme le demandaient certains promoteurs de la réforme : ses statuts ou les modalités de sa tutelle n'on pas été modifiés. Au contraire, la CFD elle-même ne souhaitait pas cette évolution, craignant, sans doute à juste titre, qu'un rôle trop central dans le dispositif ne constitue un risque pour son indépendance[1]. Les changements ont donc été essentiellement cosmétiques, sans toucher ni au périmètre de ses ressources ou de son activité, ni à son autonomie. La « Caisse » a ainsi étendu ses compétences dans les secteurs de l'éducation et de la santé[2], mais sans disposer de moyens supplémentaires en subvention. Elle devait également consulter les ambassadeurs sur « l'opportunité politique » des projets avant validation par son conseil de surveillance[3]. Mais ce droit de veto donné à la diplomatie ne faisait qu'entériner une loyauté de la « Caisse »vis-à-vis du pouvoir politique qui avait toujours existé.

Elle a enfin été renommée « Agence française de développement » et qualifiée « d'opérateur pivot », à la fois pour satisfaire les tenants socialistes d'une grande agence de mise en œuvre de la coopération et les partisans du « nouveau management public ». Comme on l'a développé dans le troisième chapitre, ce dernier objectif constituait le seul point de consensus des acteurs sur le sens de la réforme et l'amorce d'un nouveau référentiel, en partie héritée d'une logique managériale

[1] Avec le soutien de la direction du Trésor, la « Caisse » a toujours refusé toute réforme de ses statuts qui aurait pu conduire à une plus grande ingérence de l'échelon politique dans ses dossiers de financement. Le statut d'institution bancaire a toujours constitué une ressource efficace dans ce sens.

[2] L'AFD devient ainsi compétente dans tous les domaines, exception faite des secteurs de souveraineté (justice, sécurité publique, défense, etc.) qui restent de la responsabilité exclusive de l'ensemble Affaires étrangères-Coopération.

[3] Cette notion d'opportunité « politique » n'induit pas de changement notable : la « Caisse » veillait à ne pas mettre en œuvre des projets contraires aux objectifs de la politique extérieure française.

relevant du référentiel global de marché. Il a d'ailleurs fait l'objet d'une très forte communication lors de l'annonce de la réforme autour des thèmes de la « cohérence » et de la création d'une « grande agence ». Progressivement, ce sens construit autour de la réforme semble l'avoir emporté sur les véritables décisions : le rôle de pivot de l'AFD est progressivement allé de soi.

Mais la légitimité conférée à la fois par son nouveau nom et son statut d'opérateur pivot vont permettre à l'Agence de changer de position dans le paysage institutionnel de la coopération en en devenant « l'acteur pivot », place occupée auparavant par le ministère de la Coopération[4]. La construction de sens liée à la seule communication autour de la réforme a donc contribué à définir une nouvelle orientation. Il ne restait plus qu'à lui donner progressivement de la chair, ce à quoi a notamment contribué la nomination d'un nouveau directeur général, porteur d'un projet très ambitieux[5].

Ainsi, à partir de 2001, l'Agence a connu un tournant dans sa stratégie, qui coïncidait avec cette nomination. Avec l'accord de ses tutelles, et principalement celui de la direction du Trésor, deux décisions importantes ont alors été prises, pour lui permettre de développer son activité : la réduction du niveau de bonification des prêts[6], permettant d'accorder plus de prêts à coût équivalent pour l'Etat, et le développement de son activité au-delà de la zone de solidarité prioritaire[7] (Chine, Turquie, Thaïlande). L'Agence a ainsi pu valoriser

---

[4] Voir chapitre 2.

[5] Il faut signaler que le ministère des Finances a eu dès le départ cet objectif. Mais il ne nous semble pas réaliste de le désigner comme un grand ordonnateur machiavélique de ce processus. En effet, comme nous l'avons vu, le renforcement de l'AFD est également imputable à l'affaiblissement de la place de la coopération des Affaires étrangères, sur lequel la direction du Trésor n'a eu que peu de prise.

[6] Techniquement, elle a été permise par le déliement total de l'aide octroyée par l'AFD qui, conformément aux règles du CAD de l'OCDE, permet de comptabiliser en aide publique au développement des prêts moins bonifiés.

[7] L'élargissement de la zone d'intervention de l'AFD est une conséquence mécanique de la réforme de 1998. En effet, jusqu'alors, la Caisse française de développement ne pouvait intervenir que dans les pays du « champ » du ministère de la Coopération. Elle

son expertise, ses ressources humaines de qualité[8], son autonomie fonctionnelle et ses capacités de mobilisation de ressources sur les marchés financiers pour accroître massivement son activité et sa visibilité.

La réforme apparaît même avoir contribué à augmenter, dans un premier temps, l'autonomie de l'AFD, du fait d'une tutelle du ministère des Affaires étrangères moins affirmée que celle du ministère de la Coopération[9]. Cet affaiblissement a été notamment dû à l'érosion des compétences de la DGCID et des services de coopération des ambassades, chargés de donner un avis sur les projets instruits. Pour un acteur, « il fallait continuer la réforme en mettant l'AFD sous tutelle. Mais pour exercer la tutelle, il faut être plus compétent que celui sur lequel on exerce la tutelle »[10]. Cette autonomie lui a permis de créer en son sein un service de la stratégie, pour mieux maîtriser ses propres orientations, mais aussi influer davantage sur les orientations globales de la politique de coopération. Ce renforcement de l'opérateur AFD s'est fait parallèlement à une perte de crédibilité des instruments de coopération relevant encore du ministère des Affaires étrangères sur la scène nationale comme internationale.

La perte de crédibilité du ministère des Affaires étrangères comme opérateur de l'aide

Nous avons vu au chapitre 4 que l'instrumentalisation de la coopération au développement au sein du MAE a également concerné ses crédits, utilisés comme facteurs d'ajustement des gels budgétaires appliqués à l'ensemble du ministère. En 2002, le gel « républicain » des crédits, appliqué avant les élections pour permettre au nouveau

a donc profité de l'élargissement de la zone de solidarité prioritaire par rapport au « champ », notamment au Maghreb et en Indochine.

[8] Dont certains agents venus du ministère de la Coopération depuis la fin des années quatre-vingt.

[9] La tutelle principale de l'AFD relève du ministère des Finances, qui est favorable à son développement.

[10] Entretien.

gouvernement de disposer des marges de manœuvre nécessaires à son arrivée au pouvoir, a provoqué des difficultés pour mettre en œuvre les actions de coopération, certains paiements étant reportés en 2003. A ces reports s'est ajouté un décalage récurent depuis 2001 entre les autorisations d'engagement de nouvelles actions (autorisations de programme) et les crédits disponibles pour liquider les dépenses engagées (crédits de paiement) sur le fonds de solidarité prioritaire. L'inscription des crédits pour 2003 n'a pas été à la hauteur des besoins totaux, résultat des reports et des dépenses prévues dans l'année. Ceux-ci avaient pourtant été anticipés par la DGCID, mais n'ont pas été relayés par la Direction générale de l'administration du MAE et le ministère du Budget[11].

Presque dès le début de l'exécution budgétaire 2003, la DGCID s'est donc trouvée en cessation de paiement, conduisant au gel quasi total des activités de coopération au développement menées par le MAE, à l'exception de l'assistance technique. La qualité des actions conduites et, plus largement, celle du service rendu dans les pays partenaires ont été considérablement réduites : annulation d'actions, gel de projets, délais d'instruction des nouvelles actions plus élevées, etc. Dans bien des cas, la DGCID n'a pas été capable d'honorer ses engagements contractuels avec ses fournisseurs et les accords de coopération passés avec les pays bénéficiaires.

Le dispositif de coopération bilatérale au développement de la DGCID s'est ainsi trouvé paralysé, et ses personnels, impuissants à sortir de cette situation, largement traumatisés. Le gel des actions a également touché les actions innovantes et de réflexion, menées souvent avec d'autres bailleurs étrangers ou multilatéraux. Cette déstabilisation s'est produite parallèlement à l'érosion des capacités de la Direction de la coopération technique en termes de moyens de fonctionnement et de ressources humaines. Pour un observateur, en 2004, « la DGCID ne

---

[11] Entretiens. D'une certaine façon, ces difficultés de la DGCID rappellent les difficultés antérieures de la DGRCST vis-à-vis de la direction générale de l'administration du MAE.

pouvait pas tomber plus bas que ce qu'elle n'était [en matière de coopération au développement] »[12].

Cette situation a constitué un facteur puissant de perte de crédibilité de la coopération au développement du ministère des Affaires étrangères vis-à-vis des pays bénéficiaires, mais aussi des autres pays donateurs et des institutions multilatérales d'aide au développement[13].

Mais les conséquences principales de ce gel des activités résident dans les rapports de forces internes au dispositif de coopération. En effet, la gravité de la situation et la stigmatisation de la DGCID, incapable de rétablir un fonctionnement normal après plusieurs années de difficultés cumulées, se sont répandues par l'intermédiaire des télégrammes diplomatiques, transmis à tous les services intéressés de près ou de loin et à la présidence de la République. Cette communication autour de la crise a conduit à une très forte perte de crédibilité du ministère des Affaires étrangères par rapport à l'AFD :

> « [La cessation de paiement] a eu un effet très pervers car, bien sûr, les ambassadeurs n'ont pas été contents. Ils ont écrit un certain nombre de télégrammes en disant "Mais voilà, qu'est-ce qui se passe ? Je n'ai pas les crédits nécessaires !" [...] Ces télégrammes ont eu un effet déstructurant sur la perception de la DGCID, de la DCT, par le plus haut niveau de l'Etat [la présidence de la République], comparées à l'AFD qui ne causait pas de soucis »[14].

> « Le gel des crédits a eu un impact considérable. On a perdu du terrain en interministériel et on a perdu des crédits et des

[12] Entretien.
[13] L'interprétation de certains acteurs issus de la diplomatie est différente. Pour eux, la coopération au développement a refusé de s'adapter à la modernité : « On a laissé à la DGCID le temps de montrer ce qu'elle pouvait faire. Elle a démontré son incapacité. [...] Il y a eu des évolutions qui laissaient penser qu'elle pouvait devenir une des directions majeures du Quai. Mais les vielles méthodes de la direction de la coopération technique ne sont pas arrivées à "accrocher" [ce mouvement] ».
[14] Entretien.

assistants techniques au profit de l'AFD [lors de la réforme de 2004] »[15].

Une rupture de pente, confirmée par la réforme de 2004

Ainsi, alors qu'aucune modification de la place de l'AFD n'avait été décidée par les acteurs lors de la préparation de la réforme, la légitimité nouvelle conférée à « l'opérateur pivot » ainsi que la place laissée vide par la disparition du ministère de la Coopération et non reprise dans de bonnes conditions par le MAE (DGCID), ont permis le développement de ses activités :

> « Pendant ce temps [durant lequel la DDCT périclitait], l'AFD est devenue une "super agence" avec toutes les compétences. [...] Le résultat de la réforme, c'est l'explosion de l'AFD et son autonomisation »[16].

Ainsi, à partir de 1998, une nouvelle dynamique se met en place dans le champ des institutions de la coopération au développement. Jusqu'au milieu des années quatre-vingt-dix, les acteurs de la coopération (ministère de la Coopération, CFD, MAE et ministère des Finances) étaient à la fois les pilotes et les opérateurs des actions de coopération qui relevaient de leur compétence. Depuis la réforme de 1998, les principes du nouveau management public se sont progressivement étendus au sein du dispositif. La légitimité forte de l'AFD « agence » et « opérateur pivot » ainsi que ses qualités reconnues par tous les acteurs en ont fait le bénéficiaire de transferts progressifs d'activités. Ce mouvement a été initié par le ministère des Finances, qui lui a confié la gestion de très nombreux instruments (prêts du Trésor, aides budgétaires, etc.). Cette évolution n'aurait sans doute pas eu lieu au même rythme sans la réforme : la disparition du ministère de la Coopération enlevait le principal point de veto face à ce mouvement, et la légitimité nouvelle de « l'opérateur pivot » était nécessaire.

---

[15] Entretien.

[16] Entretien.

Ce mouvement a été confirmé, en 2004, dans la nouvelle étape dans la réforme impulsée par l'Elysée. Le président de la République avait été alerté dès 2003, notamment lors de ses déplacements en Afrique, des dysfonctionnements de la coopération conduite par la DGCID dans la zone de solidarité prioritaire, qui s'accompagnaient d'une certaine « cacophonie » entre interventions de l'AFD et du MAE. Il a donc réuni, début 2004, un Conseil des ministres restreint pour relancer les activités en Afrique, par un dégel partiel des crédits d'intervention de la DGCID, mais, surtout, mettre en chantier une nouvelle phase de réforme. Les orientations correspondantes ont été validées par le Comité interministériel de la coopération internationale et du développement du 20 juillet 2004[17] et précisées par celui du 18 mai 2005.

Il s'agissait, d'abord, de renforcer la fonction stratégique et de pilotage du dispositif français, face aux lacunes du fonctionnement du CICID, créé en 1998 et réuni à peine trois fois entre-temps. Pour cela, le rôle du ministre chargé de la coopération a été renforcé ainsi que celui du cosecrétariat du CICID, assuré conjointement par la DGCID et la direction du Trésor. Sur le plan opérationnel, la fonction « d'opérateur pivot » de l'AFD a été confortée dans les domaines non régaliens : la DGCID s'est ainsi vue retirer presque tout rôle opérationnel dans les secteurs de compétence de l'AFD ; l'essentiel de l'assistance technique assurée auparavant par le MAE dans ces secteurs a été transféré à l'AFD. En contrepartie, la tutelle de l'Etat sur l'AFD a été renforcée, notamment par le rôle plus important des ambassades dans la supervision de ses actions sur le terrain.

L'Agence française de développement, jusque-là acteur de second plan, a ainsi pris une place centrale dans le dispositif, notamment du fait de sa nouvelle légitimité « d'opérateur pivot ». Ce transfert nous semble s'expliquer en partie par l'image positive de l'AFD pour les décideurs, au plus haut niveau de l'Etat. Face à la décrédibilisation de la coopération au développement au sein du MAE, l'AFD est appréciée :

---

[17] Les relevés de conclusions du CICID sont disponibles sur le site www.diplomatie.gouv.fr

« L'AFD ne crée pas de problèmes et valorise la politique du gouvernement »[18].

L'Agence est ainsi devenue « l'acteur pivot » du dispositif de coopération, même si son statut d'établissement public ne la place pas au même niveau que les deux acteurs ministériels chargés du pilotage de la politique de coopération, dont le rôle de cosecrétaires du CICID a été concomitamment renforcé. Pour les acteurs du ministère des Finances, cette évolution a été positive :

> « La réforme a réussi, ce n'est jamais évident quand on lance une réforme : elle a eu lieu, elle a produit nombre des effets qu'on attendait d'elle et elle a créé une dynamique propre dans laquelle on est encore aujourd'hui, puisque aujourd'hui le ministre des Affaires étrangères a décidé de donner encore plus de moyens à l'Agence »[19].

Une reforme de l'Etat

Notre démonstration a ainsi abouti à la conclusion que le changement auquel a mené la réforme de la coopération réside pour une part importante dans le transfert d'actions mises en œuvre par une administration ministérielle à une agence, chargée de l'ensemble des tâches d'exécution. Cette « agencification » de la mise en œuvre de la politique de coopération constitue une « rupture de pente » modifiant significativement la dynamique interne du dispositif de coopération, développée au chapitre 2. Elle sera sans doute structurante pour les évolutions futures.

Nous voulons développer, dans ce second point, en quoi l'étude de la réforme de la coopération permet de mieux comprendre la question de la réforme de l'Etat et contribue à répondre à la question de Kaufman[20] sur l'immortalité des organisations gouvernementales.

---

[18] Entretien.

[19] Entretien (économie-finances).

[20] *Op. cit.*

La construction de la réforme de l'Etat : entre soubassements cognitifs et logiques bureaucratiques

Nous avons, tout au long de notre démonstration, cherché à articuler plusieurs modes d'explication classiques de l'analyse de l'action publique. En particulier, nous avons souhaité replacer chaque acteur à sa juste place dans la contribution au changement. Soulignons ici nos trois principales conclusions.

Premièrement, la réforme a été lancée par une décision. Il y a effectivement eu décision, puisque le processus décisionnel a abouti et que son résultat a produit des effets. C'est la modification de certains paramètres importants de l'équilibre institutionnel dans cette phase, notamment la répartition du pouvoir au sein du MAE et le statut de l'AFD dans le jeu entre organisations, qui a conduit à la déstabilisation du système et à l'entrée dans un processus de changement progressif. Nous avons montré que, si le processus décisionnel a des limites propres, il a pu aboutir dans ce cas.

Nous avons également montré, dans notre analyse de la mise en œuvre, que la densité des règles du jeu, si elle contraint fortement les possibilités d'évolution, ne signifie pas absence de changement. La logique propre à chacune des organisations institutionnalisées a été conservée tout au long du processus de réforme. Toutefois, dans ce secteur marqué par la multiplicité des acteurs gouvernementaux, l'évolution des rapports de forces entre ces organisations a conduit à un changement majeur, la réforme induisant une « rupture de pente » dans l'évolution du dispositif français de coopération.

Enfin, ce processus nous permet d'illustrer l'importance essentielle des représentations dominantes et de la construction de sens dans les évolutions constatées. Il s'agit d'un changement de référentiel par ajustement global – sectoriel[21]. Le transfert de la mise en œuvre à « l'opérateur pivot » relève d'une logique de nouveau management public. Cette issue de la réforme constitue un changement, certes partiel, du référentiel sectoriel dans le sens du référentiel global de

[21] Muller, 2005, *op. cit.*

marché, qui caractérise les sociétés contemporaines[22]. On a vu qu'il correspondait au seul point de véritable consensus entre les acteurs lors de la préparation de la réforme.

Ces différents éléments de notre démonstration demanderaient à être approfondis. La compréhension fine des dynamiques sociales et politiques au sein de l'Agence française de développement et de ses mutations depuis le milieu des années quatre-vingt-dix serait utile pour affiner les conclusions auxquelles nous aboutissons. De même, nous aurions souhaité étudier plus en détail l'histoire du rapport entre diplomatie traditionnelle et diplomatie culturelle, pour mieux saisir l'héritage de la DGCID lié à l'insertion de la DGRCST dans le MAE et, par différence, l'impact de l'intégration de la coopération.

Réforme de l'Etat et gouvernabilité

Notre démonstration nous semble également déboucher sur la question de la gouvernabilité : dans quelle mesure l'exercice de l'autorité politique est-elle possible dans la réforme de l'Etat ? Nous proposons deux axes de réflexion autour de cette question.

Premièrement, nous avons développé le caractère contingent de nombreux facteurs d'évolution au cours de la mise en œuvre de la réforme. Dans quelle mesure était-il possible pour les pilotes de la réforme, tant au niveau politique qu'au niveau administratif, d'anticiper les effets des décisions prises ? On a vu que, une fois la fenêtre d'opportunité politique refermée, la mise en œuvre a laissé bien peu de marge de manœuvre pour piloter la réforme, compte tenu de la densité des règles du jeu. Certains aspects importants qui n'avaient pas été tranchés jusque-là, comme les contours de la zone de solidarité prioritaire ou le regroupement des services sur un même site, n'ont pas véritablement pu être résolus dans un sens favorable au changement. La

[22] Jobert, *op. cit.*

maîtrise du processus de réforme par les décideurs apparaît ainsi comme des plus limitées.

Per Laegreid et Paul G. Roness[23] insistent sur l'importance des facteurs qui limitent les marges de manœuvre du personnel politique élu. Mais la densité des règles du jeu qui influencent la réforme administrative n'empêche pas, à leurs yeux, leur action. En effet, elles ne peuvent déterminer de façon précise le cours et les résultats du processus, qui demeurent pour partie caractérisés par les phénomènes contingents et une forte incertitude. Ainsi, selon eux, les stratégies de réformes des décideurs ne peuvent porter que sur les procédures, et non sur la substance des réformes, en exploitant la dimension d'indétermination du système[24]. Cette conclusion rejoint celle de Renate Mayntz, qui souligne également l'importance de l'organisation du processus politique pour améliorer la capacité des acteurs politiques à gouverner[25]. C'est en partie ce que l'on a pu observer dans le cas de la réforme de la coopération, avec le choix de décisions pragmatiques, qui ont conduit à renoncer à certains objectifs initiaux pour se restreindre à ce qui était faisable à ce moment-là.

En second lieu, il nous semble important de souligner la difficulté, dans une réforme telle que celle-ci, de distinguer le niveau politique du niveau administratif ou bureaucratique. Jean-Michel Emery[26] a montré le rôle « quasi politique » de la haute administration publique, y compris dans les services. *A contrario*, les responsables des cabinets ministériels, qui en sont issus et y retourneront, assurent également leur rôle de pilotage politique dans le respect des règles du jeu en vigueur dans leur communauté professionnelle et plus largement de sa culture. Comme nous l'avons vu, l'arbitrage des cabinets ne répond pas

---

[23] *Administrative reform as organized attention*, 1999, p. 304 *sqq*.

[24] Olsen insiste sur les stratégies d'évitement des conflits des réformateurs (Brunsson et Olsen, *op. cit.*, p. 196).

[25] *Governing failures and the problem of governability : some comments on a theoretical paradigm*, 1993.

[26] *Frontières ou marches ? De la contribution de la haute administration à la production du politique*, 2003.

seulement à des logiques partisanes ou politiques, mais également à des logiques bureaucratiques.

On retrouve par ailleurs, dans une certaine mesure, l'existence d'une « élite de la coopération » comparable à celle identifiée dans la politique sociale[27]. Ce type de groupe, fonctionnant en réseau au sein de la haute administration, a favorisé l'autonomisation des décideurs de l'administration par rapport à la sphère politique. Cette imbrication entre les acteurs de la haute administration et de la sphère de décision politique nous conduit à nous interroger sur les capacités des pouvoirs publics de définir des options de réforme qui aillent contre les intérêts ou les valeurs de la haute fonction publique. Les limites de la gouvernabilité sont donc également liées à une résistance interne à l'espace de la politique de réforme de l'Etat, à savoir l'administration elle-même.

Comme l'a souligné Jean Leca[28], cette difficulté des gouvernements modernes à s'acquitter de leurs tâches, par ailleurs nécessaires, pose le problème, au fond, de la démocratie. Les réponses en termes de gouvernance, dans lesquelles une main invisible permettrait de trouver un équilibre entre les objectifs forcément différents, sinon divergents, des acteurs, ne sont pas satisfaisantes. La médiation de l'autorité politique est nécessaire pour faire fonctionner harmonieusement « l'Etat de marché » et « l'Etat démocratique »[29]. Face au dévoilement des failles de cette autorité politique, le maintien de sa légitimité nécessite sans doute la renégociation de certains compromis anciens.

---

[27] William Genieys et Patrick Hassenteufel (*Entre les politiques publiques et la politique : l'émergence d'une « élite du Welfare » ?*, 2001) montrent, à partir de données empiriques, l'existence d'un groupe social relativement stable, dont les acteurs ont participé activement, sur une période de plus de quinze ans, à la définition des politiques sociales françaises. Ils distinguent ainsi quatre facteurs de continuité des politiques sociales : continuité des représentations cognitives, rôle direct de certains de ces hauts fonctionnaires dans la définition d'outils de politique publique, existence de liens interpersonnels et de lieux de rencontre de ces acteurs en dehors de toute politisation.

[28] *Ce que l'analyse des politiques publiques pourrait apprendre sur le gouvernement démocratique*, 1996.

[29] *Ibidem.*

Pour conclure ce travail, il nous semble utile de dresser un bilan de la réforme à partir des trois questions qui étaient au cœur du consensus ambigu préalable à la réforme : les modes de coopération, la politique africaine de la France et, enfin, l'organisation de la politique de coopération au développement. Nous verrons que cette réforme n'a pas résolu beaucoup des problèmes les plus importants auxquels elle souhaitait s'attaquer, qui appelleront sans doute une poursuite des ajustements commencés en 2004[30].

Des modes de coopération au développement qui changent peu

La marginalisation de la coopération au développement au sein de la DGCID, qui s'est conclue par le transfert récent de nombreuses prérogatives et des moyens correspondants à l'AFD, a conduit à une large disparition des instruments et, surtout, des méthodes qui faisaient la spécificité du ministère de la Coopération : assistance technique, projets du Fonds d'aide et de coopération, capacités de pilotage déconcentrées des services de coopération.

Cette disparition tient à l'absence de contenu substantiel pour la réforme, laissé à l'arbitrage des logiques bureaucratiques, à la marginalisation de ces activités au sein de la DGCID, à la décrédibilisation progressive d'un ministère des Affaires étrangères opérateur de l'aide, et, finalement, au transfert de l'essentiel d'entre elles à l'AFD, supposée en mesure de mieux les assumer. Mais ces méthodes semblent peu compatibles avec les modes d'intervention traditionnels et la culture très « techniciste » de l'AFD. Elles apparaissent, à première vue, susceptibles d'être très mal reprises, ou pas du tout…

Pourtant, si ces outils constituaient un héritage de la décolonisation, leur rénovation progressive en faisait, par exemple dans le domaine du

[30] Cette analyse rejoint celle d'Isaline Bergamaschi, dans un travail réalisé parallèlement au nôtre [*Do institutions matter ? Impact de la réforme du dispositif institutionnel de 1998 sur la politique de coopération en France*, 2005).

développement économique, des compléments utiles aux actions d'investissements lourds menées par l'AFD[31], sans doute indispensables à l'efficacité globale de notre coopération. En outre, ces actions du ministère de la Coopération ne représentaient plus qu'une fraction limitée de la coopération au développement bilatérale, dominée dès le milieu des années quatre-vingt par la coopération financière et celle de l'AFD.

L'impact de la réforme sur le contenu de la coopération réside donc, paradoxalement, dans la disparition d'actions globalement peu critiquées et déjà marginales. Cette éviction crée un vide dans le dispositif français en termes de visibilité de l'action conduite sur le terrain et d'efficacité. Elle provoque la surprise de nombreux gouvernements partenaires, très demandeurs de ce type d'appui qualitatif, parfois même sous la forme d'une coopération de substitution permettant aux élites un accès à certains services publics de qualité (santé, éducation).

De façon plus globale, la coexistence de plusieurs référentiels au sein de ce secteur de politique publique a perduré (figure 4). En effet, le référentiel « développementaliste » était partagé avant la réforme à la fois par le ministère de la Coopération et la Caisse française de développement. La disparition du premier s'est accompagné d'un transfert progressif de ressources humaines et d'activités vers le second. Avec le déliement de son aide, le référentiel développementaliste semble avoir pris de l'importance au sein de l'AFD, pour son action dans les pays en développement[32]. On peut donc globalement considérer que cette approche n'a pas fondamentalement perdu de terrain dans la coopération au développement. L'attrait pour les nouvelles géographies et la volonté de l'Agence de développer son activité de prêts ont conduit à la mise en place de projets dans certains pays émergents, mais cette

---

[31] Entretiens.

[32] Même s'il n'est pas forcément relayé par la hiérarchie et les stratégies actuelles de l'Agence.

activité vient s'ajouter à des actions de coopération au développement en Afrique qui ont peu changé.

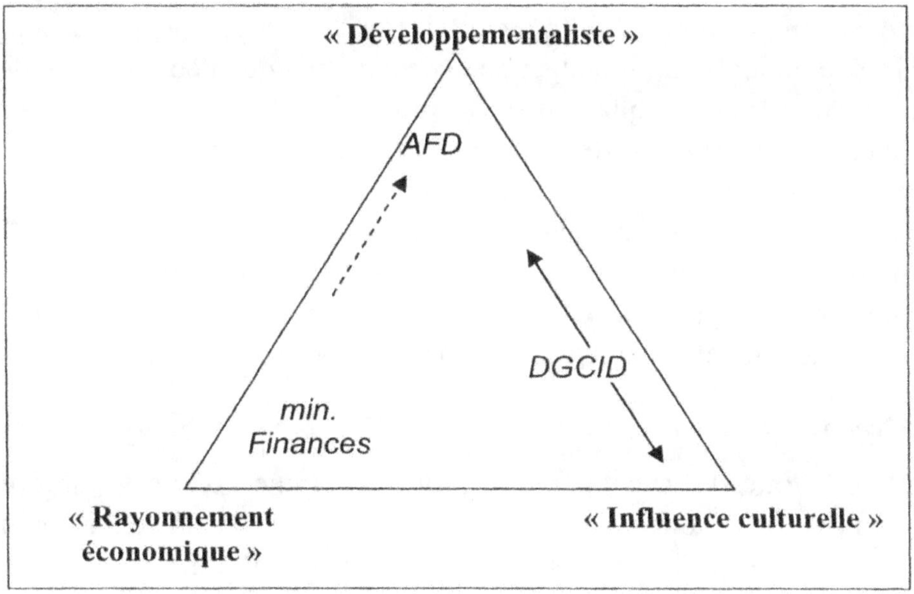

Figure 4 : Adhésion des acteurs de chaque institution aux trois référentiels idéal-typiques de la coopération au développement (après la réforme)

Sur le plan des modalités de la coopération, on doit toutefois signaler plusieurs évolutions importantes, non liées à la réforme, qui ont eu lieu pendant la période de notre étude, souvent dans le prolongement de tendances antérieures. Les différents instruments du dispositif français se sont adaptés pour mieux agir dans un contexte marqué par le déclin des projets de développement et le développement d'approches sectorielles caractérisées par un soutien budgétaire de plus en plus direct aux politiques publiques des Etats concernés[33]. De même la période a été marquée par le développement de la pratique de l'évaluation, qui s'était déjà généralisée depuis les années quatre-vingt dans le secteur de l'aide publique au développement à l'échelle internationale.

[33] Cette approche relève de la même logique managériale que celle qui a conduit à l'introduction de la LOLF en France.

Pour Jean-Louis Bianco, président du Haut conseil à la coopération internationale, c'est d'ailleurs dans ces évolutions, et non dans celles impulsées par la réforme, que se sont produits les changements les plus porteurs en matière de coopération au développement[34]. Michel Charrasse, rapporteur du budget de la coopération de la commission des finances du Sénat, indiquait en 2001 :

> « La grande réforme de l'aide publique au développement s'est arrêtée à celle du seul dispositif administratif – d'une lourdeur effrayante – sans déboucher aucunement, bien au contraire, sur la définition claire d'une nouvelle et crédible politique française du développement. Les querelles, nombreuses, furent essentiellement "de boutique", jamais de doctrine »[35].

Une réforme qui ne touche pas aux relations franco-africaines

La réforme de la coopération procédait d'une double volonté de rénovation des modes de partenariat avec les pays africains et de développement de relations privilégiées avec d'autres régions du monde. Pourtant, lors du lancement de la réforme, les deux leaders de l'exécutif ne semblaient pas être sur la même ligne concernant l'avenir de la politique africaine. Pour Lionel Jospin, les pratiques devaient changer et les priorités géographiques sans doute être redéfinies, pour donner un signal de rupture avec la présidence de François Mitterrand. Pour le président Chirac, la priorité donnée au lien franco-africain dans la politique étrangère devait être préservée. Ainsi, dans la communication politique entourant l'annonce de la réforme, la fin de l'institutionnalisation du « pré carré » s'accompagnait d'une assurance du gouvernement que la priorité resterait à l'Afrique.

Les définitions successives de la zone de solidarité prioritaire incluaient d'ailleurs la grande majorité des pays africains, sans que cela soit remis en cause par la suite. Au contraire, face à un manque de ciblage dans les premières versions, ayant abouti à plus de 60 pays

---

[34] *La dernière réforme de la coopération française*, 2003.

[35] Rapport présenté à la commission des finances du Sénat, 2 novembre 2001. Cité par Glaser et Smith, 2005, *op. cit.*

prioritaires, la ZSP fut légèrement resserrée sur l'Afrique en 2002. Le manque de crédits a d'ailleurs conduit la DGCID et l'AFD à intervenir prioritairement dans les pays où leur portefeuille était significatif, tous situés en Afrique subsaharienne : « Inconsciemment on est revenu au pré carré »[36].

Le tournant électoral de 2002 a débouché sur la confirmation par le gouvernement de la priorité donnée à l'Afrique, toujours valable[37]. Pour Jean Nemo : « Il est inexact de dire, que la France, en réformant son dispositif de coopération, a renoncé à jouer un rôle significatif en Afrique, à commencer par l'Afrique "traditionnelle". Malgré les "redéploiements" au sein de la ZSP, cette dernière y conserve tant sur les crédits des Affaires étrangères que sur ceux de l'AFD une place, certes moins importante qu'il y a vingt ans, mais toujours majoritaire »[38]. La rationalisation du dispositif en 2004 relève également du souhait du chef de l'Etat de redonner de la crédibilité à l'action menée dans le « pré carré ».

La disparition du « champ » et de son ministère dédié n'a donc pas abouti à la rupture des liens particuliers entretenus avec certains pays, tout à fait compatibles avec l'appartenance à la zone de solidarité prioritaire. Pour les acteurs de la réforme :

> « La recherche d'un pilotage politique n'a pas réussi, car il est resté un ministre de la Coopération qui a continué à aller en Afrique et à voir Bongo et les autres. Il n'y a pas eu d'appropriation de la réforme [pour son volet concernant la politique africaine] par les ministres »[39].
>
> « On n'est pas allé au bout de l'intégration de la politique étrangère de la coopération. On a continué à accepter de s'impliquer là où on ne devrait pas (comme au Togo ou en

[36] Entretien (diplomatie).

[37] Voir relevés de conclusions des CICID du 11 décembre 2002 et du 20 juillet 2004.

[38] Nemo, 2003, Conclusion.

[39] Entretien (diplomatie).

République centrafricaine). Il reste une spécificité de la politique africaine »[40].

Comme nous l'avons développé dans le second chapitre, les pratiques clientélistes en Afrique subsaharienne ne nous semblent pas imputables à l'action du ministère de la Coopération, dont le rôle s'est, tout au plus, borné à celui d'écran de fumée. Des progrès significatifs ont été réalisés, durant la période de notre étude en matière de politique africaine. Ils apparaissent largement déconnectés de la réforme de la coopération et tiennent à des modifications de pratiques de l'échelon politique[41] : modification des conditions d'engagement des forces françaises pour l'appui aux régimes africains déstabilisés entre 1997 et 2002[42], initiative RECAMP[43], fermeture de certaines bases militaires, attitude plus ferme vis-à-vis des coups d'Etat ou dans la reconnaissance de la validité de certains scrutins, etc. Toutefois, cette évolution des relations franco-africaines ne doit pas être comprise comme une normalisation. Pour Gordon Cumming et Rachel Langford[44] :

> « Même si les relations franco-africaines ont connu des changements sans précédent et ont perdu leur "ancienne affectivité", elles n'ont été marquées par aucun signe de désengagement. Du moins pas encore ».

La Coopération existe-t-elle encore ?

Ainsi, la réforme de la coopération, qui visait à marquer une rupture avec des relations franco-africaines corrompues, n'a-t-elle abouti qu'à faire disparaître une administration dont l'action était considérée comme de relativement bonne qualité, sans que les relations avec l'Afrique n'aient été infléchies pour autant (du moins

---

[40] Entretien.

[41] Chafer, 2002, *op. cit.*

[42] Voir notamment Glaser et Smith, 2005, *op. cit.*

[43] Restauration des capacités africaines de maintien de la paix.

[44] *France and Africa in the age of globalization : a fading affair ?*, 2005, p. 4.

du fait de la réforme). Pour paraphraser une expression populaire, on peut affirmer qu'avec la réforme de la coopération on a « jeté le bébé », mais on a gardé « l'eau du bain ».

Mais il serait, en outre, trop rapide de conclure que la réforme a effacé la coopération au développement. On a vu dans le présent ouvrage que le référentiel développementaliste restait porté par plusieurs institutions. Si le ministère de la Coopération a disparu en tant qu'administration, il a continué à exister comme portefeuille pour un ministre et, ainsi que nous l'avons vu dans le quatrième chapitre, comme organisation institutionnalisée dissidente, au sein de la DGCID.

Cette éviction des développeurs de l'administration apparaît fragile. Depuis la réforme de 2004, on a vu réapparaître une forte demande des responsables politiques de disposer d'une expertise sur ces questions au sein du MAE. Cela a conduit à la création d'une direction des politiques de développement au sein de la DGCID, regroupant la quasi-totalité des services chargés de coopération au développement. On peut analyser cette évolution à la fois comme une institutionnalisation formelle de la dichotomie persistante dans la DGCID entre coopération au développement et diplomatie culturelle, mais aussi comme la reconnaissance de l'expertise et de l'activité spécifique attachée à la coopération au développement.

De même, dans la suite de la réforme de 2004, on assiste à une forte offensive de la DGCID, pour reconquérir sa place dans le pilotage de la politique d'aide au développement, au côté de la direction générale du Trésor et de la politique économique[45]. La légitimité du ministre délégué auprès du ministre des Affaires étrangères, chargé de la coopération et coordonnateur pour le gouvernement de la politique d'aide depuis la réforme de 2004, apparaît comme une ressource essentielle dans ce sens.

---

[45] Qui a repris les compétences de la direction du Trésor en matière de développement après la réorganisation du ministère de l'Economie en 2004.

La réforme de 2004, comme celle de 1998, n'a débouché sur aucun référentiel sectoriel pour la politique d'APD. Cette politique apparaît encore tiraillée entre plusieurs motivations, pas toujours conciliables. On a remis à plus tard la question essentielle : faut-il encore une politique de coopération au développement ? Le contraste apparaît saisissant entre les déclarations ambitieuses favorables à cette action et la diminution constante des moyens alloués à la coopération sur la période couverte par notre étude, dont la DGCID n'est qu'un exemple.

Comme le note Philippe Hugon[46], cette réduction du volume de l'aide s'est accompagnée d'une marginalisation de la coopération axée sur le développement à moyen et long terme au profit d'actions d'aide d'urgence et la mise en place de filets sociaux de sécurité pour limiter les effets sur les plus pauvres de la libéralisation des économies dans les pays du Sud. Cette tendance repérable dans l'aide française a correspondu à un certain alignement sur la tendance internationale d'évolution de l'aide dans les années quatre-vingt-dix. Les récentes initiatives du G8 dans le contexte des relations internationales « post-11 septembre » semblent marquer une inflexion dans cette tendance, dont l'avenir dira si elle s'avère durable. Mais cette évolution de l'aide française ne semble pas avoir fait l'objet de décisions explicites. Elle constitue plutôt la résultante de l'ensemble des interactions entre organisations dans un contexte budgétaire très fortement contraint.

Ainsi, le dispositif français d'aide apparaît en quête d'un référentiel, qui pourrait constituer le cadre de l'intervention de son « opérateur pivot ». Sur le plan institutionnel, il nous semble principalement confronté, d'après les échanges que nous avons pu avoir avec les acteurs interrogés dans le cadre de cette étude, à trois enjeux majeurs : les ressources humaines, les places respectives des relations politiques et des considérations techniques dans la relation d'aide, et enfin la difficile coordination du dispositif qui reste éclaté entre trois acteurs principaux.

---

[46] *Op. cit.*, p. 50.

Faut-il des professionnels de l'aide au développement ?

Comme nous l'avons vu, dans les premières années ayant suivi la création de la DGCID, les responsables de la diplomatie, loin de protéger la communauté professionnelle du développement, l'ont progressivement marginalisée ou placée sur une tutelle forte. Les règles régissant l'emploi public, basé sur le rattachement à un ministère, et les contraintes fortes à la réduction du nombre d'emplois au sein du MAE ont fait le reste. La DGCID s'est, jusqu'en 2004, très fortement appauvrie de son expertise en matière de développement. Cela a également été le cas dans le réseau des services de coopération.

Pourtant, les développeurs constituent réellement une communauté professionnelle, à l'échelle internationale. La diplomatie[47] ne semble pas, durant la période que nous avons étudiée, l'avoir compris :

> « [Les métiers de la coopération au développement] sont des métiers foncièrement de réseaux et de connaissances et vous êtes aussi reconnu parce que vous êtes connu par les autres. [...] Il y a une communauté de métier à l'échelle internationale que le Quai d'Orsay ne sait pas du tout pénétrer et qu'il ne comprend pas. Car il ne comprend pas le métier de l'aide publique au développement ; il ne comprend pas "ce que font tous ces gens" [à la Direction du développement] »[48].

De même, au ministère des Finances, le développement n'apparaît plus que comme une étape dans une carrière, sans déboucher sur une spécialisation véritable des agents concernés. Les professionnels du développement ne semblent plus exister qu'au sein de l'AFD, dernier refuge des développeurs. La marginalisation de l'assistance technique, véritable vivier des compétences publiques en matière de développement, a amplifié ce phénomène : de plusieurs dizaines de

---

[47] Nous n'ignorons pas qu'au sein du ministère des Affaires étrangères ou de la diplomatie la logique propre de l'aide publique au développement est comprise par de nombreux agents (nous en avons rencontré certains). Nous décrivons ici la logique institutionnelle prévalant au sein de l'organisation (représentations, culture dominante), ce qui explique la relative simplification dans notre propos.

[48] Entretien (coopération).

milliers dans les années soixante-dix, les professionnels du développement employés dans la sphère publique ne sont plus actuellement que quelques centaines.

La question des capacités de l'Etat à prendre toute sa place dans la supervision de la politique d'aide au développement ou à participer au débat international sur l'aide comme aux dialogues sur les politiques d'aide dans les pays bénéficiaires se pose ainsi avec beaucoup d'acuité. Doit-on valoriser des carrières de « diplomates-développeurs » ? Doit-on laisser à l'AFD le monopole de l'expertise publique dans ce domaine, en lui demandant de la mettre au service de ses tutelles ? Comment encourager de réelles expériences de terrain, dans les actions de développement, et gérer les passerelles entre institutions ? La capacité d'apporter des réponses adaptées à cette problématique semble un préalable à tout renouveau d'une politique d'aide ambitieuse en France.

Quel équilibre entre approche politique et approche technique du développement ?

Par ailleurs, nous souhaitons souligner, dans cette conclusion, les difficultés soulevées par le renforcement de l'AFD dans la mise en œuvre de la coopération au développement. En effet, du fait de son histoire, elle est, avant tout, une banque de développement, régie par la réglementation bancaire. Elle dispose donc, de par ce statut, d'une très grande autonomie vis-à-vis des décideurs politiques, qui ne sont pas autorisés à s'ingérer, au quotidien, dans ses procédures internes. Cette autonomie permet à l'Agence d'agir avec une vision très « techniciste » de la coopération au développement : les réponses aux problèmes de développement pourraient relever de solutions apportées par des experts, en fonction de la situation locale.

L'histoire de l'aide a montré les limites de ce type d'approche. Les analyses récentes montrent que l'efficacité de l'aide se joue pour une part importante dans les modalités de la relation d'aide, qui mobilise des interactions de nature politique. Elle met ainsi en jeu des relations d'Etat à Etat qui prennent souvent la forme de négociations permanentes pour préparer conjointement les actions financées et effectuer les ajustements, par rapport aux choix techniques initiaux, pourtant préparés par des "experts", qui s'avèrent toujours nécessaires dans leur mise en œuvre.

Cette dimension politique, notamment soulignée par Marc Levy[49] ou Jean-François Bayart[50], tient également à l'évolution du point d'application de l'aide au développement qui se situe au cœur même du système politique et des politiques publiques du pays bénéficiaire. En effet, l'aide s'est longtemps concentrée sur la réalisation d'investissements, réputés rentables par eux-mêmes. Depuis une vingtaine d'années, les acteurs de l'aide reconnaissent progressivement l'importance des dynamiques politiques du pays bénéficiaire pour l'efficacité de l'aide : modalités de gestion des investissements à caractère collectif, libertés civiques et économiques individuelles, rôle de l'Etat et de l'action publique, etc. Cet accent mis sur la « gouvernance » donne à l'aide une dimension très politique. L'action des donateurs d'aide s'inscrit ainsi, parfois malgré eux, dans l'espace politique des pays bénéficiaires. Les acteurs de l'aide doivent donc disposer de la légitimité nécessaire pour inscrire leur action sur cette scène politique. Celle-ci nous semble relever de la souveraineté et de la légitimité de deux gouvernements souverains face à face.

L'incapacité de la Commission européenne ou de la Banque mondiale de nouer ce type de dialogues sur des bases nuancées est sans doute liée à l'absence de légitimité démocratique de ces institutions. Même si elles disposent d'un pouvoir très important sur les Etats bénéficiaires, du fait du volume des financements qu'elles accordent, elles basent le dialogue avec ceux-ci sur des conditionnalités définies par des experts, généralement des réformes politiques préalables à la mise en œuvre de leurs financements. Le bilan de ces approches est pour le moins limité. Les réformes nécessitent une véritable implication des responsables politiques et

---

[49] *Op. cit.*, p. 89.

[50] 1995, *op. cit.*, p. 45.

administratifs locaux pour réussir et doivent faire l'objet d'un long dialogue de nature politique au niveau national. Les bras de fer entre institutions multilatérales et pays bénéficiaires ont souvent échoué à impulser de véritables changements dans l'action publique et les dynamiques politiques locales.

Ainsi, la place prise par l'AFD comme acteur pivot du dispositif français de coopération présente le risque de conduire à la même impasse technocratique que connaissent ces deux institutions. Les rôles respectifs d'approches diplomatiques basées sur la négociation et d'approches technicistes, nécessaires pour s'assurer de la qualité des solutions proposées, nous apparaissent comme au centre des futurs débats sur la qualité de l'aide française. Cette question justifiera sans doute de futures remises en cause de la forte indépendance opérationnelle de l'AFD par rapport aux décideurs politiques.

Quelle architecture pour le dispositif d'aide ?

La réforme de 1998 a été rendue possible par le choix d'entériner le partage des compétences en matière de coopération entre un pôle économique et un pôle diplomatique. Elle a également défini un nouveau rôle « d'opérateur pivot » pour l'Agence française de développement. Le dispositif qui en découle est donc marqué par trois acteurs de premier plan, aux références parfois peu compatibles.

Le Comité interministériel de la coopération internationale et du développement s'est avéré, à l'usage, peu efficace pour assurer la coordination et la cohérence du dispositif. Il confère en outre la véritable responsabilité de la cohérence de la politique française d'aide directement au premier ministre. Le cosecrétariat du CICID n'avait, jusqu'en 2004, pas joué de rôle véritablement moteur dans cette coordination. Ainsi, si la réforme a doté le secteur de la coopération d'institutions de gouvernance, elle a conduit à une multiplication des demandes d'arbitrage du premier ministre à tous propos. L'affirmation de l'autorité de la présidence de la République n'a pas réellement remis en cause cette dynamique gouvernementale : la coopération est restée une politique éclatée, en quête de cohérence.

La réforme de 2004 se proposait d'améliorer ce fonctionnement, à la fois par l'autorité nouvelle conférée au ministre délégué chargé de la coopération, qui est devenu coordonnateur de la politique d'aide pour le gouvernement, mais aussi avec la volonté de renforcement du cosecrétariat du CICID. Il est sans doute trop tôt pour évaluer l'impact de ces mesures. Les acteurs que nous avons interrogés les jugent toutefois généralement insuffisantes : beaucoup parlent d'une inéluctable troisième phase de la réforme, permettant d'assurer cette cohérence souhaitable.

Quels en seraient les contours ? Certains insistent sur la nécessité de reconstituer, à côté de l'AFD, des interventions qui se situeraient dans le prolongement de celles de l'ancienne coopération, plus politiques et plus innovantes que les investissements lourds de l'Agence. Cette vision débouche soit sur le renforcement de la DGCID, soit sur la création d'une agence d'exécution des interventions sur dons. Cette première hypothèse nous apparaît peu réaliste : le mouvement de renforcement de l'AFD est allé tellement loin qu'il apparaît peu probable qu'un nouvel acteur pourra émerger.

L'autre hypothèse, plus largement partagée parmi les acteurs, se base sur l'exemple britannique. En effet, en parallèle de la réforme française, le gouvernement de Tony Blair a recréé, à la fin des années quatre-vingt-dix, un ministère de la Coopération, le *Department for international development* (DFID). Celui-ci, placé sous l'autorité d'un membre du gouvernement, regroupe tous les services centraux et de terrain associés aux interventions d'aide au développement. La situation française, avec un ministre coordonnateur de l'aide et un opérateur pivot, apparaît comme finalement assez proche de ce modèle. Seules diffèrent le lien direct entre le ministre et le DFID. Les modalités formelles de la tutelle sur l'AFD associent finalement peu le ministre chargé de la coopération.

Ce débat sur les structures reste entier. Le paysage institutionnel éclaté actuel n'a semble-t-il pas permis de progresser suffisamment vers une gouvernance globale du secteur, malgré la réforme de 1998. Cette situation ne permet toujours pas de répondre aux deux questions essentielles du débat sur la coopération au développement : l'équilibre entre les motivations de la politique de coopération au développement que la France souhaite mener et l'identification des moyens qu'elle est prête à y consacrer.

SIGLES UTILISES

AFD........... Agence française de développement *(nouveau nom de la CFD depuis 1998)*

APD........... Aide publique au développement

CAD .... Comité à l'aide au développement

CCCE......... Caisse centrale de coopération économique *(devenue CFD en 1992 et AFD en 1998)*

CFA .... Coopération financière en Afrique (Afrique centrale et orientale) et Communauté financière en Afrique (Afrique de l'Ouest)

CFD........... Caisse française de développement *(nouveau nom de la CCCE en 1992, devenue AFD en 1998)*

CICID......... Comité interministériel de la coopération internationale et du développement.

DCT........... Autre nom donné par les acteurs à la DDCT

DDCT .... Direction du développement et de la coopération technique de la DGCID

DGA .... Direction générale de l'administration (MAE)

DGCID .... Direction générale de la coopération internationale et du développement

DGRCST .... Direction générale des relations culturelles, scientifiques et techniques du MAE, aussi appelée « DG » au sein du MAE

FAC........... Fonds d'aide et de coopération

FMI .... Fonds monétaire international

HCCI.......... Haut conseil de la coopération internationale

LOLF .... Loi d'orientation relative aux lois de finances

MAE .... ministère des Affaires étrangères

OCDE .... Organisation de coopération et de développement économique

ONG .... Organisation non gouvernementale

ZSP............ Zone de solidarité prioritaire

LISTE DES TABLEAUX, FIGURES ET GRAPHIQUES

➲ *Liste des tableaux*

➲ *Liste des figures*

➲ *Liste des graphiques*

BIBLIOGRAPHIE

ADDA Jacques, SMOUTS Marie-Claude, *La France face au Sud, le miroir brisé,* Paris, 1989.

ALBERTINI Jean-Benoît, *Réforme administrative et réforme de l'Etat en France : thèmes et variations de l'esprit de réforme en France de 1815 à nos jours,* Paris, Economica, 2000.

ALLISON Graham T., *Essence of decision, explaining the Cuban missile crisis*, Harper Collins, 1973.

BAYART Jean-François, *La politique africaine de François Mitterrand,* Paris, Karthala, 1984.

BAYART Jean-François, *L'Etat en Afrique : la politique du ventre,* Paris, Fayard, 1990 (a).

BAYART Jean-François, « France-Afrique : La fin du pacte colonial », *Politique africaine,* oct. 1990 (b), n° 39, p. 47-53.

BAYART Jean-François, « Réflexions sur la politique africaine de la France », *Politique africaine,* juin 1995, n° 58.

BERGAMASCHI Isaline, *Do institutions matter ? Impact de la réforme du dispositif institutionnel de 1998 sur la politique de coopération en France*, Institut d'études politiques de Paris, mémoire de master de recherche dirigé par Samy COHEN, Paris, 2005.

BEZES Philippe, « Aux origines des politiques de réforme administrative sous la Ve République : la construction du "souci de soi de l'Etat" », *Revue française d'administration publique,* avril-juin 2002, n° 102, p. 307-25.

BEZES Philippe, « La "mission Picq" ou la tentation de l'architecte : les hauts fonctionnaires dans la réforme de l'Etat », *in* NAY Olivier et SMITH Andy (dir.), *Le gouvernement du compromis : courtiers et généralistes dans l'action politique,* Paris, Economica, 2002.

BIANCO Jean-Louis, « La dernière réforme de la coopération française dans le Haut conseil à la coopération internationale », *Coopérer au début du XXIe siècle : Pourquoi ? Comment ? Questions sans préjugés,* Paris, Karthala, 2003, p. 335-42.

BOISGALLAIS Anne-Sophie, VERCHAVE François-Xavier, *L'aide publique au développement,* Paris, Syros, 1994.

BONGRAND Philippe, LABORIER Pascale, « L'entretien dans l'analyse des politiques publiques : un impensé méthodologique ? », *Revue française de sciences politiques,* février 2005, vol. 55, n° 1, p. 73-111.

BOSSUAT Gérard, « French development aid and cooperation under De Gaulle », *Contemporary European history,* 2003, vol. 12, n° 4, p. 431-56.
BOURMAUD Daniel, « La politique africaine de Jacques Chirac : les anciens contre les modernes », *Modern & contemporary France,* 1996, ns4 (4), p. 431-442.
BROCHAND Pierre, « Le rôle de l'Etat dans l'action culturelle extérieure de la France », *Revue française d'administration publique,* janvier-mars 1996, n° 77, p. 123-127.
BRUNEL Sylvie, *La coopération Nord-sud,* Paris, PUF, 1997.
BRUNSSON Niels et OLSEN Johan P, *The reforming organization,* London, Routledge, 1993.
BRUNSSON Niels, *The hypocrisis of organizations : talk, decisions, and actions in organizations,* 2nd ed., Oslo, Abstrakt, 2002.
CADENAT Patrick, « La France et le Tiers monde : Vingt ans de coopération bilatérale », *La documentation française : notes et études documentaires,* janvier 1983, n° 4701-4702.
CAMPBELL John L., PEDERSEN Ove K., « The second movement in institutional analysis », *in* CAMPBELL John L., PEDERSEN Ove K. (dir), *Neoliberalism and institutional analisis,* Cambridge, Cambridge university press, 2001.
CHAPER Tony, « French African policy : toward change », *African affairs,* 1992, n° 91, p. 37-51.
CHAFER Tony, « France and black Africa : a very special relationship », *Modern & contemporary France,* 1996, ns4 (4), p. 427-429.
CHAFER Tony, « French African policy in historical perspective », *Journal of contemporary African studies,* 2001, vol. 19, n° 2, p. 165-182.
CHAFER Tony, « Franco-African relations : no longer so exceptional ? », *African affairs,* 2002, n° 101, p. 343-363.
CHAFER Tony, « Chirac and "la Françafrique" : no longer a family affair », *Modern & contemporary France,* feb. 2005, vol. 13, n° 1, p. 7-23.
CHRISTENSEN Tom, ROVIK Kjell Arne, « The ambiguity of appropriateness », *in* EGEBERG Morten, LAEGREID Per (eds), *Organizing political institutions : essays for Johan P. Olsen,* Oslo, Scandinavian university press, 1999, p. 159-80.
COHEN Michael D., MARCH James G., OLSEN Johan P., « A garbage can model of organizational choice », *Administrative sciences quarterly,* 1972, 17, p. 1-25.

COHEN Samy, *La défaite des généraux : le pouvoir et l'armée sous la Ve République,* Paris, Fayard, 1994, 276 p.
COHEN Samy, « L'interview démystifiée », *in* COHEN Samy (éd.), *L'art d'interviewer les dirigeants,* Paris, PUF, 1999, p. 5-14.
COHEN Samy, « La diplomatie française dans la cohabitation », *Esprit,* juin 2000, n° 264, p. 45-60.
COT Jean-Pierre, *A l'épreuve du pouvoir : le tiers-mondisme pour quoi faire ?,* Paris, Seuil, 1984.
COUDURIER Hubert, *Le monde selon Chirac : les coulisses de la diplomatie française,* Paris, Calman-Lévy, 1998.
CUMMING Gordon, « French development assistance to Africa : Toward a new agenda ? », *African Affairs,* 1995, n° 94, p. 383-398.
CUMMING Gordon, « French aid to Africa : toward a new consensus ? », *Modern & contemporary France,* 1996, ns4 (4), p. 453-462.
CUMMING Gordon, « Modernization without "banalisation": toward a new era in French African aid relations ? », *Modern & contemporary France,* 2000, vol. 8, n° 3, p. 359-370.
CUMMING Gordon, *Aid to Africa : French and British policies from the cold war to the new millennium,* Adershot, Ashgate, 2001, 439 p.
CUMMING Gordon et LANGFORD Rachael, « France and Africa in the age of globalization : a fading affair ? », *Modern & contemporary France,* feb. 2005, vol. 13, n° 1, p. 1-5.
DOBBIN Franck, *Forging industrial policy, The United States, Britain and France in the Railway age,* Cambridge, Cambridge university press, 1994.
DOUCIN Michel, « Cinq ans après : essai de bilan de la réforme de la coopération », *Techniques financières et développement,* juin 2003, n° 71, p. 53-62.
DOZON Jean-Pierre, *Frères et sujets : la France et l'Afrique en perspective,* Paris, Flammarion, 2003.
DU ROY Albert, *Domaine réservé : les coulisses de la diplomatie française,* Paris, Seuil, 2000.
EDELMAN Murray, *Pièces et règles du jeu politique,* Paris, Seuil, 1991.
EGEBERG Morten, SOETREN Harald, « Identities in complex organizations : a study of ministerial bureaucrats », *in* EGEBERG Morten (dir.), *Organizing political institutions : essays for Johan P. Olsen,* Oslo, Scandinavian university press, 1999, p. 94-108.

EYMERI Jean-Michel, *Les gardiens de l'Etat, une sociologie des énarques des ministères,* thèse de doctorat, sciences politiques, Paris, université Paris-I, 1999.

EYMERI Jean-Michel, « Frontières ou marches ? De la contribution de la haute administration à la production du politique », *in* LAGROYE Jacques (dir.), *La politisation,* Paris, Belin, 2003, p. 47-77.

FOUILLEUX Eve, « Propositions pour une approche dynamique des processus d'inertie et de changement dans les politiques publiques », *in* FONTAINE Joseph, HASSENTEUFEL Patrick, *To change or not to change ? Les changements de l'action publique à l'épreuve du terrain,* Rennes, Presses univ :itaires de Rennes, 2002, p. 255-79.

FREUD Claude, *Quelle coopération ? Un bilan de l'aide au développement,* Paris, Karthala, 1988.

GABBAS Jean-Jacques, *L'aide contre le développement : L'exemple du Sahel,* Paris, 1988.

GEERTZ Clifford, *The interpretation of cultures,* New York, Basic Books, 1973.

GENIEYS William et HASSENTEUFEL Patrick, « Entre les politiques publiques et la politique : l'émergence d'une élite du Welfare », *Revue française des affaires sociales,* octobre-décembre 2001, n° 4.

GIBSON Diane, GOODIN Robert E., « The veil of vagueness : a model of institutional design », *in* EGEBERG Morten, LAEGREID Per (eds), *Organizing political institutions : essays for Johan P. Olsen,* Oslo, Scandinavian university press, 1999, p. 357-85.

GLASER Antoine, SMITH Stephen, *Ces messieurs Afrique : le Paris-village du continent noir,* Paris, Calmann-Lévy, 1992.

GLASER Antoine, SMITH Stephen, *Comment la France a perdu l'Afrique,* Paris, Calmann-Lévy, 2005.

GLASER Emmanuel, *Le nouvel ordre international,* Paris, Hachette, 1998.

GOUTEBRUNE François, « La France et l'Afrique : le crépuscule d'une ambition stratégique ? », *Politique étrangère,* hiver 2002-2003, n° 4.

GRIFFIN Keith, « Foreign aid after the Cold War », *Development and change,* 1991, vol. 22, n° 4, p. 645-685.

GUICHAOUA André, « L'évolution du "Marché du développement" et la restructuration des organismes de coopération », *Tiers Monde,* juillet-septembre 1997, t. XXXVIII, n° 151.

HALL Peter A., « Policy paradigms, social learning, and the State : the case of economic policymaking in Britain », *Comparative politics,* April 2005, vol. 25 (3), p. 275-96.
HALL Peter A., TAYLOR Rosemary C. R., « Political sciences and the three new institutionalisms », *Political studies,* Dec. 1996, vol. 44, n° 5, p. 936-57.
HOOD Christopher, « Public service bargains and public service reform », *in* PETERS B. Guy, PIERRE Jon, *Politicians, bureaucrats and administrative reform,* London, Routledge, 2001, p. 13-23.
HUGON Philippe, « Permanences et ruptures de la politique économique de la France vis-à-vis de l'Afrique subsaharienne », *Modern & contemporary France,* feb. 2005, vol. 13, n° 1, p. 41-55.
IMMERGUT Ellen M., « The Theoretical core of the new institutionalism », *Politics and society,* march 1998, vol. 26, n° 1, p. 5-34.
IMMERGUT Ellen M., « The rules of the game : the logic of health policy-making in France, Switzerland, and Sweden », *in* STEINMO Sven, THELEN Kathleen et LONGSTETH Frank, *Structuring politics : historical institutionalism in comparative analysis,* Cambridge, Cambridge University Press, 1992, p. 1-32.
INSTITUT international d'administration publique, « La modernisation administrative en France : bilan et perspectives », *Revue française d'administration publique,* juillet-septembre 1995, n° 75, p. 449-57.
IRONDELLE Bastien, *Gouverner la défense : analyse du processus décisionnel de la réforme militaire de 1996,* thèse de doctorat, Sciences politiques, Paris, Institut d'études politiques, 2003.
JAMOUS Haroun, *Sociologie de la décision : la réforme des études médicales et des structures hospitalières*, Paris, Editions du CNRS, 1969.
JOBERT Bruno (dir.), *Le tournant néolibéral en Europe,* Paris, L'Harmattan, 1994.
JOHN Peter, *Analysing public policy,* London, Pinter, 1998.
JURGENSEN Philippe, LEBEGUE Daniel, *Le Trésor et la politique financière,* Paris, Monchrestien, 1988.
KAUFMAN Herbert, *Are government organizations immortal ?,* Washington, The booking Institution, 1976.
KESSLER Marie-Christine, *La politique étrangère de la France : Acteurs et processus,* Paris, Presses de Sciences-Po, 1999.
KNOEPFEL Peter, LARRUE Corinne, VARONE Frédéric, *Analyse et pilotage des politiques publiques,* Genève, Helbing & Lichtenhahn, 2001.

LAEGREID Per, RONESS Paul G., « Administrative reform as organized attention », *in* EGEBERG Morten, LAEGREID Per (eds), *Organizing political institutions : essays for Johan P. Olsen,* Oslo, Scandinavian university press, 1999, p. 301-29.

LAGROYE Jaques (eds), *Sociologie politique,* Paris, Presses de Sciences-Po.

LASCOUME Pierre, LE GALES Patrick, « L'action publique saisie par ses instruments », *in* LASCOUME Pierre, LE GALES Patrick, *Gouverner par les instruments,* Paris, Presses de Sciences-po, 2004, introduction.

LE ROY Etienne, « En Afrique il se passe toujours quelque chose d'innovateur », *La coopération française en question : actes du cycle de conférence coorganisées par l'Observatoire permanent de la coopération française et la Bibliothèque publique d'information d'octobre 1996 à mars 1997,* Paris, BPI, 1998, p. 83-90.

LECA Jean, « Ce que l'analyse des politiques publiques pourrait apprendre sur le gouvernement démocratique », *Revue française de science politique,* fév. 1996, vol. 46, n° 1, p. 122-131.

Les affaires étrangères et le corps diplomatique français ; tome II : 1970-1980, Paris, Editions du CNRS, 1984.

LEVI Margaret, « A model, a method and a map : rational choice in comparative historical analysis », *in* LICHBACH Mark I., ZUCKERMAN Alan S., *Comparative politics : rationality, culture, and structure* Cambridge, Cambridge University Press, 1997, p. 469-96.

LEVITTE Jean-David, « La réforme des relations culturelles, scientifiques et techniques », *Revue Française d'administration publique,* janvier-mars 1994, n° 69, p. 105-9.

LEVY Marc, « Comment renouveler les politiques de "coopération au développement" ? », *Esprit,* juin 2000, n° 264, p. 79-100.

LEWIN André R, « Les ministres de la Coopération », *Mondes et cultures,* mars-avril 2002, tome LXII, n° 1-2.

LINDBLOM Charles E., « The science of muddling through », *Public administration review,* 1959, vol. 19, n° 2, p. 79-88.

MANDIN Christelle, PALIER Bruno, « L'Europe et les politiques sociales : vers une harmonisation cognitive des réponses nationales », *in* LEQUESNE Christian, SUREL Yves (dir.), *L'intégration européenne : entre émergence institutionnelle et recomposition de l'Etat,* Paris, Presses de Sciences-po, 2004, p. 252-285.

MARCH James G., OLSEN Johan P., *Rediscovering institutions : the organizational basis of politics,* New York, The free press, 1989.

MARCHAL Roland, « La France en quête d'une politique africaine ? », *Politique étrangère,* hiver 1995-1996, 60e année, n° 4, p. 903-16.
MARCHAL Roland, « France and Africa : the emergence of essential reforms ? », *International Affairs,* 1998, vol. 74, n° 2, p. 335-72.
MARCHESIN Philippe, « Mitterrand l'Africain », *Politique africaine,* juin 1995, n° 58, p. 5-24.
MARCHESIN Philippe, « La politique africaine de la France en transition », *Politique africaine,* octobre 1998, n° 71, p. 91-106.
MAYNTZ Renate, « Governing failures and the problem of governability : some comments on a theoretical paradigm », *in* KOOIMAN Jan, *Modern Governance, new government and society interactions,* London, Sage, 1993, p. 9-19.
MAYNTZ Renate, « Organizations, agents and representatives », *in* EGEBERG Morten, LAEGREID Per (eds), *Organizing political institutions : essays for Johan P. Olsen,* Oslo, Scandinavian university press, 1999, p. 81-91.
MEDARD Jean-François, « France-Afrique : des affaires de famille », *in* DELLA PORTA Donatelle et MENY Yves (dir.), *Démocratie et corruption en Europe,* Paris, La Découverte, 1995, p. 29-41.
MEIMON Julien, « La socialisation militante des professionnels de la solidarité internationale : l'exemple des agents du ministère de la Coopération », *in* SIMEANT Johanna, DAUVIN Pascal, *ONG et humanitaire,* Paris, L'Harmattan, 2004, p. 91-114.
MICHAILOF Serges, « Faut-il brûler la coopération ? », *in* MICHAILOF Serges (dir.), *La France et l'Afrique : vade-mecum pour un nouveau voyage,* Paris, Karthala, 1993.
MINISTÈRE de la Coopération, *L'assistance technique française (1960-2000),* Paris, La documentation française, 1994, 332 p.
MULLER Pierre, *Le technocrate et le paysan : Essai sur la politique française de modernisation de l'agriculture de 1945 à nos jours,* Paris, Editions ouvrières, 1984.
MULLER Pierre, « Interviewer les médiateurs : hauts fonctionnaires et élites professionnelles dans les secteurs de l'agriculture et de l'aéronautique », *L'art d'interviewer les dirigeants,* Paris, PUF, 1999, p. 67-82.
MULLER Pierre, *Les politiques publiques,* 5e éd., Paris, PUF, 2003.
MULLER Pierre, « Esquisse d'une théorie du changement dans l'action publique : Structures, acteurs et cadres cognitifs », *Revue française de science politique,* février 2005, vol. 55, n° 1, p. 155-187.

MULLER Pierre et SUREL Yves, *L'analyse des politiques publiques,* Paris, Montchrestien, 1998.
NAUDET Jean-David, *Trouver des problèmes aux solutions : vingt ans d'aide au Sahel,* Paris, OCDE, 1999.
NEMO Jean, « Aide au développement et coopération française », *Afrique contemporaine,* 1er trimestre 1993, n° 165, p. 3-9.
NEMO Jean, « Un tournant majeur dans la politique française de coopération et d'aide publique au développement ? La réforme de 1998, son origine et ses conséquences », exposé devant l'Académie des sciences d'outre-mer (à paraître dans *Mondes et cultures*), mai 2005, non paginé.
NEMO Jean, *Les appuis en personnels dans les actions de coopération, de l'assistance technique à de nouvelles modalités de coopération dans le cadre de la réforme,* Paris, rapport de mission, mars 2000.
NORTH Douglass C., *Understanding the process of economic change* (28th Wincott memorial lecture), London, Institute of economic affairs, 1999.
PALIER Bruno, *Gouverner la Sécurité sociale : les réformes du système français de protection sociale depuis 1945,* Paris, PUF, 2002.
PALIER Bruno, BONOLI Guiliano, « La montée en puissance des fonds de pension : une lecture comparative des réformes des systèmes de retraite en modèle global et cheminements nationaux », *L'année de la régulation,* 2000, vol. 4.
PETERS B. Guy, « Institutional theory and administrative reforms », 1993, *in* EGEBERG Morten, LAEGREID Per (eds), *Organizing political institutions : essays for Johan P. Olsen,* Oslo, Scandinavian university press, 1999, p. 331-55.
PETERS B. Guy et PIERRE Jon, « Institutions and Time : problems of conceptualization and explanation », *Journal of public Administration research and theory,* 1998, vol. 8, n° 4, p. 565-583.
PETITEVILLE Franck, « Quatre décennies de "coopération franco-africaine" : usage et usure d'un clientélisme », *Etudes internationales,* septembre 1996, vol. XXVII, n° 3, p. 571-601.
PICQ Jean (dir.), *L'Etat en France : servir une nation ouverte sur le monde,* Paris, La documentation française, p. 473-482.
PIERSON Paul, « When effect becomes cause, Policy feedback and political change », *World politics,* july 1993, vol. 45, p. 595-628.
PIERSON Paul, *Dismantling the Welfare state ? : Reagan, Thatcher and the politics of retrenchment,* New York, Cambridge University Press, 1994.

PIERSON Paul, « Not just what but when : timing and sequence in political process », *Studies in American political development,* spring 2000 (a), vol. 14, p. 72-92.

PIERSON Paul, « Increasing returns, path dependency, and the study of politics », *American political science review,* june 2000 (b), vol. 94, n° 2, p. 251-267.

PIERSON Paul, SKOSPOL Theda, « Historical institutionalism in contemporary political science », *in* KATZNELSON & MILNERR (eds), *Political sciences : the state of the discipline,* New York, W. W. Norton & co, 2002, p. 693-721.

PRESSMANN Jeffrey L., WILDAVSKY Aaron, *Implementation : how great expectations in Washington are dashed in Oakland or why it's amazing that federal programs work at all, this being a saga of the economic development administration as told by two sympathetic observers who seek to build morals on a foundation of ruined hopes,* Berkeley, University of California Press, 1973.

RAVINET Pauline, « Fenêtre d'opportunité », *in* BOUSSAGUET, Laurie, JACQUOT Sophie, RAVINET Pauline, *Dictionnaire des politiques publiques,* Paris, Presses de Sciences-Po, 2004, p. 217-25.

RIDDELL Roger C., « The end of foreign aid to Africa ? Concern about donor policies », *African Affairs,* 1999, n° 98, p. 309-35.

ROCHE François, PIGNIAU Bernard, *Histoire de la diplomatie culturelle des origines à 1995,* Paris, La documentation française, 1995.

ROSTOW Walt W., *Les cinq étapes de la croissance économique : un manifeste non communiste,* 3e éd., Paris, Economica, 1997 [1963].

SABATIER Paul A., « Advocacy coalition framework : an assessment », *in* SABATIER Paul A. (eds), *Theories of the policy process,* Boulder Westview press, 1999, p. 117-66.

SABATIER Paul A., « Advocacy coalition framework (ACF) », *in* BOUSSAGUET Laurie, JACQUOT Sophie, RAVINET Pauline, *Dictionnaire des politiques publiques,* Paris, Presses de Sciences-Po, 2004, p. 40-9.

SALIN Pascal, « L'illusion de l'aide au développement », *Géopolitique africaine,* janv. 2004, n° 13, p. 59-68.

SCHRAMECK Olivier, *Les cabinets ministériels,* Paris, Dalloz, 1995.

SFEZ Lucien, *Critique de la décision*, 3e édition revue et augmentée, Paris, Presses de la FNSP, 1981.

SFEZ Lucien, *La décision,* 4e édition mise à jour, PUF, 2004.

SMITH Stephen, *Négrologie : pourquoi l'Afrique meurt,* Paris, Calmann-Lévy, 2003.
SMOUTS Marie-Claude, « La construction équivoque d'une "opinion" mondiale », *Tiers Monde,* juillet-septembre 1997, t. XXXVIII, n° 151.
SUREL Yves, PALIER Bruno, « Les "trois I" et l'analyse de l'Etat en action », *Revue française de sciences politiques,* février 2005, vol. 55, n° 1, p. 7-32.
SWIDLER Ann, « Culture in Action : Symbols and Strategies » (1re éd. 1986, *in American Sociological Review* 51, April, p. 273-286), *in* SMITH Philip (ed.), *The New American Cultural Sociology,* Cambridge, Cambridge University Press, 1998.
THELEN Kathleen, « Comment les institutions évoluent : perspectives de l'analyse comparative historique », *L'année de la régulation,* 2003, n° 7, p. 13-43.
THELEN Kathleen, STEINMO Sven, « Historical institutionalism in comparative politics », *in* STEINMO Sven, THELEN Kathleen et LONGSTETH Frank, *Structuring politics : historical institutionalism in comparative analysis,* Cambridge, Cambridge University Press, 1992, p. 57-89.
THOBIE Jacques, MEYNIER Gilbert, *Histoire de la France coloniale : II, l'apogée,* Paris, 1996, p. 159-64.
TORT Patrick (dir.), *Dictionnaire du darwinisme et de l'évolution*, vol. A-E, Paris, PUF, 1996.
TRUE James L., JONES Bryan D., BAUMGARTNER Franck R., « Punctuated equilibrium theory : explaining stability and changes in American policymaking », *in* SABATIER Paul A. (eds), *Theories of the policy process,* Boulder, Westview press, 1999, p. 97-115.
VERSCHAVE François-Xavier, *La Françafrique : le plus long scandale de la république,* Paris, Stock, 1998.
WAUTIER Claude, *Quatre présidents et l'Afrique,* Paris, Seuil, 1995.

CHRONOLOGIE

Juin 1997	Nomination de Lionel Jospin comme premier ministre
	Phase de préparation de la réforme
Juillet 1997	1re réunion du groupe de travail *ad hoc*, présidée par le premier ministre, réunissant les cabinets des ministres des Affaires étrangères, de la Coopération et des Finances
Juillet 1997	Déclaration politique générale de Lionel Jospin, annonce d'une réforme de la coopération
Octobre 1998	Premiers arbitrages du premier ministre, limitant la réforme à une intégration de la coopération au MAE, sans modification des prérogatives des finances
Décembre 1998	Arbitrage de Rabat définissant deux pôles équivalents (MAE et Finances) dans la coordination de la politique d'aide au développement
10 janvier 1998	Réunion interministérielle finale présidée par le premier ministre (arbitrages finaux)
4 février 1998	Annonce de la réforme en Conseil des ministres et dans les médias Décret de création du Comité interministériel de la coopération internationale et du développement (CICID)
	Phase de mise en œuvre de la réforme
Février 1998	Début des travaux de la mission de pilotage de la réforme interne au MAE
Avril 1998	Décret renommant la CFD « AFD »
Décembre 1998	Décret portant réorganisation du ministère des Affaires étrangères (création de la DGCID) Décrets relatifs aux nouveaux statuts des personnels Décret de suppression des missions de coopération et d'action culturelle, qui deviennent des services dans les ambassades
Janvier 1999	Mise en place effective de la DGCID

Février 1999	Première définition de la zone de solidarité prioritaire par le CICID
	Décret de création du Haut conseil à la coopération internationale (HCCI)
Mars 2000	Rapport Nemo sur l'assistance technique
Sept. 2000	Décret portant création du Fonds de solidarité prioritaire (disparition du Fonds d'aide et de coopération)
Février 2002	Nouveau statut de l'assistance technique (abrogation du décret de 1992 et alignement sur le décret de 1967)
Mars 2002	Révision de la ZSP par le CICID
Mai-juin 2002	Réélection de Jacques Chirac, changement de majorité
Novembre 2002	Décret réformant le HCCI et limitant ses compétences
Phase finale du processus de changement	
Mars 2004	Conseil des ministres restreint sur les questions de coopération au développement. Lancement d'une nouvelle réforme
Juillet 2004	CICID : annonce d'une nouvelle étape de la réforme
Mai 2005	CICID : annonce des modalités précises de la réforme
Fin 2005	Réorganisation de la DGCID, pour créer une direction des politiques de développement

TABLE DES MATIERES